GUIARAMA
ATENAS

por Mike Gerrard

Arri

ANAYA TOURING CLUB

Los trajes típicos se reservan para ocasiones especiales como el Día de la Independencia.

Autor: Mike Gerrard
Traducción: María Eugenia García Cameselle
Edición: Luis Bartolomé y Ana María López
Equipo técnico: Mercedes San Ildefonso, Isabel Fuentes, Esther García y Pila Iglesias.

Procedencia de las fotografías: **MARY EVANS PICTURE LIBRARY** 10b, 14c; **ROBERT HARDING PICTURE LIBRARY** 85b; **HULTON GETTY** 11b; **MIKE GERRARD** 6b, 22b, 27b, 32, 36b, 37a, 52b, 53c, 56b, 65b, 67, 91b, 117a, 117b; **NATURE PHOTOGRAPHERS LTD** 12b; **REX FEATURES** 14b; **SPECTRUM COLOUR LIBRARY** 62a, 84; **WORLD PICTURES** 13b, 64, 71b.
Las demás proceden del archivo **AA Photo Library** y fueron tomadas por: **RICHARD SURMAN** excepto las siguientes: **TERRY HARRIS** 1, 8c, 25b, 33b, 34, 36a, 37b, 38, 46b, 50a, 50b, 61b, 72, 77b, 80/1; **JAMES TIMS** 87; **PETER WILSON** 2, 5a, 5b, 6a, 7a, 7b, 8a, 8b, 9a, 9b, 9c, 10a, 11a, 12a, 12c, 13a, 14a, 16b, 17b, 18b, 19b, 18/19, 20b, 20c, 21a, 21b, 23, 24, 26b, 31b, 35b, 40b, 42b. 44b. 45b. 47b, 51b,53b, 54, 55, 58b, 59b, 60b, 60c, 61a, 63, 66b, 69b, 74/5, 86, 89b, 90, 91a.
Fotografías de cubierta: Fototeca 9x12: R. SCHMID: Acrópolis, Santos Apóstoles y Museo Arqueológico. SIMEONE: Taberna de Plaka.

1ª edición, marzo 2002

ISBN: 84-8165-922-3
Printers Trento, S.r.l.
Impreso en Italia-Printed in Italy

Contenido

Cómo utilizar esta guía 4

Una mirada a Atenas 5-14

La visión del autor 6
Perfil de Atenas 7
Esencia de Atenas 8-9
Breve historia de Atenas 10-11
Naturaleza y paisaje 12-13
Personajes famosos 14

Diez lugares inolvidables 15-26

Agorá 16
Akropóli (Acrópolis) 17
Museo Nacional de Arqueología 18
Centro de Estudios de la Acrópolis 19
Lykavittós (Licabeto) 20-21
Museo de Arte Folclórico Griego 22
Museo de Instrumentos Musicales Griegos 23
Mouseío Kykládikís kai Archaías Ellinikís Téchnis 24
Pláka 25
Stádio 26

Lo que hay que Ver 27-90

Atenas 30-72
Gastronomía 60-61
Lo que hay que saber 70-71
Excursiones 73-90

Dónde... 91-116

Comer y beber 92-101
Alojarse 102-105
Comprar 106-109
Llevar a los niños 110-111
Divertirse 112-116

Información práctica 117-124

Índice 125-126

Cómo utilizar esta guía

SÍMBOLOS UTILIZADOS

A lo largo de la guía se han utilizado símbolos sencillos y claros para indicar las siguientes categorías:

- referencia a los mapas de la sección *Lo que hay que ver*
- dirección o localización
- número de teléfono
- horario
- restaurante o café
- estación de metro más cercana
- rutas de autobús o tranvía
- estación de tren más cercana
- ferry más cercano
- servicios para discapacitados
- entrada
- otros lugares de interés
- más información práctica

Esta **Guiarama** de ***Atenas*** se divide en cinco secciones que abarcan los aspectos más importantes de su visita.

Una mirada a Atenas, páginas 5-14
La visión del autor
Perfil de Atenas
La esencia de Atenas
Breve historia de Atenas
Naturaleza y paisaje
Personajes famosos

Diez lugares inolvidables, páginas 15-26
Selección del autor de los diez lugares más atractivos, todos con información práctica.

Lo que hay que ver, páginas 27-90
Las zonas más importantes de Atenas, con una introducción y listado alfabético de los lugares más interesantes.
Información práctica
Breves notas '¿Sabía usted que...?
5 paseos a pie
3 excursiones en coche
2 Cuadros de temas específicos

Dónde ..., páginas 91-116
Información detallada sobre restaurantes, alojamiento, compras, niños y ocio.

Información práctica páginas 117-124
Toda la información necesaria para el viajero presentada de forma visual.

Mapas y planos
Todas las referencias lo son a los mapas y planos que se encuentran en la sección *Lo que hay que ver.*

Por ejemplo, la Acrópolis va seguida de la referencia 28C2 – que indica la página en la que se encuentra el mapa (28) y las coordenadas (C2). La lista de mapas utilizados en esta guía se encuentra en el índice.

Nombres de lugares
En esta guía, en los títulos y en el índice, se han utilizado transcripciones de los gentilicios que no tienen traducción al castellano.

Precios
El precio aproximado de los establecimientos se indicará mediante los signos:

C caro, **M** moderado y **E** económico.

Clasificación por estrellas
La mayoría de los lugares descritos en el libro se han clasificado por su grado de interés como sigue:

✪✪✪	Visita obligada
✪✪	Muy interesante
✪	Interesante

Una mirada a Atenas

La Atenas del autor 6
Perfil de Atenas 7
La esencia de Atenas 8-9
Breve historia de Atenas 10-11
Naturaleza y paisaje 12-13
Atenienses famosos 14

Arriba: *el Templo de Hephaistos en el Ágora.* Dcha.: esta *figura femenina del Museo Goulandris tiene más de 4.000 años de antigüedad.*

La visión del autor

Segura y barata
Atenas es la capital más barata de Europa según los datos proporcionados por la agencia oficial de estadística de la Unión Europea, Eurostat. Y Grecia es el segundo país más seguro para el turismo, de acuerdo a un estudio francés basado en el robo cada mil habitantes. Portugal es el país más seguro con tan sólo dos denuncias, después se encuentra Grecia con cuatro, comparados con 27 en Gran Bretaña y 37 en Holanda.

Cada vez que visito la capital de Grecia soy testigo de algún incidente que parece capturar la esencia de la ciudad para mí. En la edición anterior de esta guía, se trataba de un motorista que, saltándose la señal de prohibido circular, entraba con su vespino por la acera y conducía entre los peatones porque ésta era la forma más rápida de llegar a su destino. El respeto a la normas de circulación es una cuestión bastante flexible entre los atenienses. Mientras recogía material para esta nueva edición, otro motorista protagonizó una anécdota curiosa. El chico atravesaba a toda velocidad un cruce de calles con mucho tráfico, al torcer a la derecha soltó la mano del manillar e hizo la señal de la cruz tres veces porque estaba pasando delante de una iglesia. Esto sólo puede suceder en Atenas, pensé yo.
Aunque Atenas es un ciudad ruidosa, contaminada y demasiado calurosa en agosto, se están realizando grandes esfuerzos para mejorar el centro en base a varios proyectos de restricción del tráfico. La calle comercial más importante, Ermou, ha sido peatonalizada en la mayor parte de su recorrido, convirtiéndose así en un agradable lugar para pasear durante el día y por la noche cuando se anima con la música de los artistas callejeros. Monumentos como la Acrópolis permanecen ajenos al tráfico; las iglesias bizantinas parecen ignorar el trasiego cotidiano y el Museo Arqueológico Nacional es uno de los mejores del mundo. Los atenienses permanecen fieles a sí mismos, haciendo de Atenas su hogar, donde el extranjero también puede sentirse como en casa.

Los motoristas son una nota fundamental del paisaje urbano.

Perfil de Atenas

Clima
En Atenas llueve unos 100 días al año, aunque sólo se recogen 400 mm anuales. Desde julio a septiembre no se registran prácticamente lluvias, siendo los meses más calurosos con una media de 32°C. El mes más frío es enero con una media de 12°C.

Población
En la conurbación de Atenas viven alrededor de cuatro millones de habitantes, lo que supone casi una cuarta parte de la población total del país. A finales del siglo XIX la ciudad sólo contaba con 124.000 habitantes.

Área
La zona metropolitana de Atenas ocupa un área de 427 km^2 y está rodeada por fronteras naturales. Al sur se halla el Mar Egeo, mientras que al noreste, al noroeste, al este y oeste limita con las cadenas montañosas de Pentelikon, Parnes, Hymettus y Aegaleos, respectivamente. El sistema montañoso más elevado es la sierra de Parnes con cotas de 1.413 metros de altitud.

Pequeñas empresas
En la zona de la Gran Atenas se registran unas 50.000 pequeñas compañías de las que la gran mayoría emplean a menos de cinco personas.

Siglas más utilizadas
Para los visitantes de Atenas será util familiarizarse con las siguientes siglas:

EHS Servicio de trenes urbanos.
ELTA Correos.
EOT Oficina de turismo.
KTEL Compañía privada de autobuses.
OASA/ETHEL Empresa pública de transportes.
OSE Compañía Nacional de Ferrocarriles.
OTE Compañía de teléfonos.

¿Algún problema?
Los griegos fuman más de ocho cigarrillos al día –dos veces más que los ingleses y tres más que los suecos. En una reciente encuesta se estimó que sólo el 9 por ciento de los griegos está satisfecho con su vida.

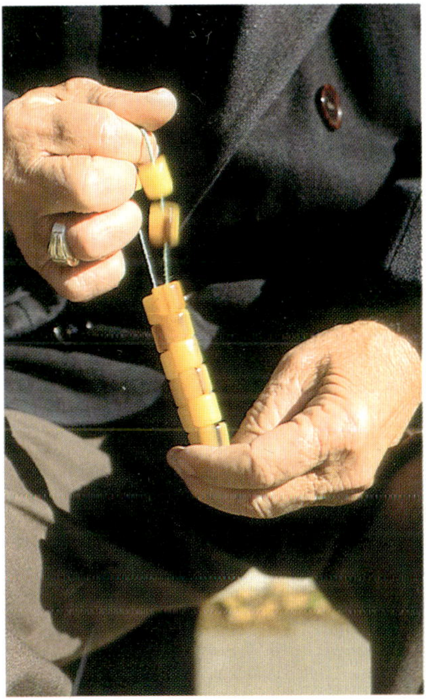

Todavía es frecuente ver y escuchar los tradicionales rosarios en los cafés de Atenas, que se venden en las tiendas de recuerdos.

La esencia de Atenas

Al llegar a Atenas y contemplar la Acrópolis sobre la ciudad el espíritu del viajero se eleva, tanto aquel que la visita por primera vez como el que ya ha vivido la experiencia anteriormente. Atenas es una ciudad antigua que encierra muchos siglos de historia, cuyos testimonios se conservan en el Museo Arqueológico Nacional. Sin embargo, también es protagonista de la historia moderna: el régimen de los Coroneles, escándalos políticos, las próximas Olimpiadas, y nuestra visita será mucho más interesante si consideramos tanto el presente como su impresionante pasado.

Dcha.: *soldado de la Guardia Nacional.*
Abajo: amanece sobre el Teatro *Herodes Atticus de Atenas.*

NO HAY QUE PERDERSE...

Si su visita a Atenas es corta o si desea apreciar la verdadera esencia de la ciudad, aquí le ofrecemos algunas sugerencias:

- **Visite la Acrópolis** (➤ 17), uno de los grandes monumentos de la humanidad. Llegue temprano para adelantarse a la multitud de visitantes.
- **Visite el Museo Arqueológico Nacional** (➤ 18), dedique al menos medio día para apreciar sus tesoros.
- **Pasee por Pláka** (➤ 25) por la noche, cuando las calles se animan con paseantes que salen a disfrutar del ambiente o a cenar fuera.
- **Visite el mercadillo de Monastiráki** (➤ 50) los domingos. De él se dice que 'si no se puede comprar aquí, entonces no se puede comprar en ninguna parte'.
- **Coma en una animada taberna.** Mi favorita es la Sigalas (➤ 95) en la plaza Monastiráki, especialmente los fines de semana.
- **Coma en un buen restaurante.** No se preocupe del bolsillo y disfrute en alguno de los estupendos restaurantes de Atenas (➤ 92-99). Atrévase con algo diferente al *souvlaki* y ensalada griega.
- **Beba retsina,** un vino con un sabor muy particular que quizás no le agrade, pero siempre es interesante probar las bebidas locales.
- **Entre en una iglesia,** contemple los iconos y siéntese un rato para contemplar las gentes que vienen y van. Es un buen lugar para escapar del ruido y del tráfico.
- **Deje pasar el tiempo con un café o un ouzo.** Tómese un café o un ouzo antes de la cena mientras pasa la vida en la ciudad.
- **Visite los museos menos famosos:** el asombroso Museo Goulandris (➤ 24), el divertido Museo de Intrumentos Griegos (➤ 23) o el Kanellopoulos (➤ 53) con objetos de extraordinaria belleza.

Arriba: *comida familiar en Atenas al aire libre.* Recuadro: *si un camarero le puede tentar con su comida, también le puede indicar la dirección correcta.*

Breve historia de Atenas

c3000 AC
Evidencia de los primeros asentamientos alrededor de la Acrópolis

1400
La Acrópolis se convierte en un fuerte real.

800-600
Emergen las primeras ciudades estado, Atenas entre ellas, gobernadas por consejeros o 'archones' elegidos anualmente entre las familias más poderosas.

620
Dracón formaliza las leyes de Atenas y Ática; de su severidad deriva el término 'draconiano'.

594-593
Atenas promulga su primera Constitución, creada por Solón. Se establece el 'Consejo de los 400' naciendo así la democracia.

520-430
Las Guerras Médicas.

490
En la Batalla de Maratón los atenienses derrotan a los persas invasores.

480
Los persas, liderados por Jerjes, obtienen la revancha en Termópilas y toman Atenas. Más tarde los atenienses ganan la Batalla de Salamina.

479
Los persas son finalmente derrotados.

461-429
La Edad de Oro de Pericles, la construcción del Partenón, la era de Sófocles, Esquilo y Eurípides.

429
Muerte de Pericles.

431-404
Las Guerras del Peloponeso terminan con la derrota de Atenas a manos de Esparta.

371
Esparta es derrotada en Tebas.

338
Filipo II de Macedonia conquista el territorio y gobierna Grecia.

336
Asesinato de Filipo II y sucesión de su hijo, Alejandro Magno.

336-323
La era de Alejandro Magno, que extiende su imperio por Oriente Medio, el Mediterráneo, llegando incluso hasta la India.

Alejandro Magno representado con cuernos de carnero como símbolo de divinidad.

323
Muerte de Alejandro Magno.

200 AC-DC 300
Los romanos conquistan y rigen el país creando muchos de los monumentos más importantes de la ciudad.

AD 50
El Apóstol Pablo visita Atenas para predicar.

324
El Emperador Constantino establece Constantinopla (antes Bizancio) como capital de la parte oriental del Imperio Romano.

1204
Los francos y los venecianos toman Constantinopla y se reparten Grecia.

1261-1262
El Imperio Bizantino recupera Constantinopla y gran parte del territorio.

1429
Los turcos toman Tesalónica.

1453
La caída de Constantinopla (Estambul) pone fin al Imperio Bizantino.

1453-1821
Grecia queda bajo dominio otomano.

1821-9
Guerra de la Independencia de Grecia.

1832
Otto de Baviera es coronado primer rey del estado moderno griego.

1917
Grecia entra en la Primera Guerra del lado de los aliados.

1920-1923
Grecia continúa en guerra con Turquía, terminando en una inevitable derrota.

1923
Más de un millón de griegos residentes en Turquía regresan a Grecia, mientras que 400.000 musulmanes abandonan el país. Muchos de los inmigrantes se establecen en Pireo.

1940
Mussolini exige acceso a los puertos griegos en la Segunda Guerra Mundial. El general griego Metaxas le responde una sola palabra 'Óji' (No).

1941
Las invasiones italiana y alemana llevan a una carencia desesperada de alimentos en Atenas, donde mueren unas 40.000 personas.

1944
Grecia es liberada y Churchill visita Atenas.

1951
Grecia ingresa en la OTAN.

1952
Las mujeres griegas pueden votar.

1967
Golpe de estado de una junta militar. El rey Constantino se exilia. Régimen de los Coroneles, bajo el mando del Coronel Papadopoulos.

1974
Derrocamiento de la junta militar y vuelta a la democracia.

1975
Con la promulgación de una nueva constitución republicana se abandona de forma definitiva la monarquía.

1981
Grecia entra en la Unión Europea.

1985
Atenas se convierte en la primera Capital Cultural europea, una idea concebida por la actriz y ministra de Cultura Melina Mercouri.

2004
Atenas será la sede de los Juegos Olímpicos.

El coronel Papadopoulos, nuevo Primer Ministro, se dirige a la prensa nacional e internacional.

Naturaleza y paisaje

Atenas es una ciudad en la que en algún momento precisaremos de alguna tranquilidad y silencio ya que no se puede negar que es una metrólopis ruidosa. Sin embargo, aunque Atenas no es la ciudad más verde del planeta, ofrece lugares donde escapar del tráfico y de la polución.

Ethnikós Kípos (Jardines Nacionales)

Estos agradables jardines (➤ 37) son un buen lugar para descansar con sus paseos sombreados y bancos donde sentarse a leer un rato. En primavera se puede oír el canto de los pájaros. El mejor momento para contemplar la vida de las aves es desde marzo a finales de junio, cuando aumenta la población con especies migratorias, como los vencejos. Los pájaros están más activos a primera hora del día y al atardecer, cuando refresca.

Lykavitós (Colina Licabeto)

Ascienda sin prisa por los senderos que suben hasta la cima de la Colina Licabeto (➤ 21) o, si se encuentra demasiado cansado, tome el funicular y descienda paseando. Podrá contemplar golondrinas, alcaudones, currucas y las fascinantes pero tímidas oropéndolas. También hay numerosas lagartijas y mariposas.

Abajo: *descender la Colina Licabeto es más descansado que la caminata hasta la cima.* Recuadro: *vistoso pájaro hortelano de Cretzschmar.*

Kerameikós (Cementerio de los Alfareros) y el Agorá

Algunas zonas arqueológicas son un refugio para la vida natural y para el cansado visitante. El Kerameikós (Cementerio de los Alfareros, ➤ 45) es un paraíso para las lagartijas, tortugas y aves como el colirrojo, el trepador y el tordo azul. También es muy agradable sentarse en las zonas tranquilas del gran recinto del Ágora (➤ 16), ya que la mayoría de los turistas se limitan a visitar los edificios famosos para irse corriendo a otro lugar sin aventurarse por lugares más recónditos.

Elegante monumento en el tranquilo Kerameikós (Cementerio de los Alfareros).

Islas Griegas

Si lo que Ud. busca es el silencio y la naturaleza, y no tan solo una breve escapada del trasiego urbano, tome el metro hasta Piraeus. Desde aquí, las islas más cercanas se hallan a menos de una hora de distancia. Si tiene suerte podrá contemplar delfines nadando a lado de los barcos o peces voladores realizando graciosas cabriolas.

Rámnoús y Vravróna

Aunque Atenas ha sufrido una gran expansión, es una ciudad bastante compacta. Grecia sigue siendo un país rural y lugares cercanos a la capital, como Rámnoús (➤ 88) o Vravróna (➤ 90), ofrecen un asombroso contraste con la vida urbana. Disfrute de un picnic en Rámnoús y la única compañía que encontrará será la del vigilante y la de pájaros, mariposas, grillos y lagartijas.

Delfí (Delfos)

Otros lugares donde contemplar la fauna y la flora son Delfos (➤ 78) y Epídavros (➤ 80), donde es muy sencillo organizar excursiones de un día. En Delfos anidan aves de presa, a pesar de la continua afluencia de visitantes. Bordeando el teatro hacia el estadio, dominado por las laderas de las Montañas del Parnaso, evitará la presencia de la multitud. Otra alternativa es llegar a primera hora del día o al atardecer, cuando la zona está más tranquila y tendrá más oportunidades de contemplar rapaces como el buitre, el halcón e incluso el águila real. Fíjese también en las hermosas orquídeas que florecen aquí a pesar de ser una de las zonas más visitadas de Grecia.

Personajes famosos

Melina Mercouri triunfó tanto en los escenarios como en la política.

Melina Mercouri

Al igual que Ronald Reagan, Melina Mercouri fue actriz antes que política. Nacida en Atenas en 1922, alcanzó mucha fama en el teatro y el cine, inicialmente en Grecia y después en todo el mundo, protagonizando películas como *Nunca en domingo* y *Topkapi*. En política demostró poseer una gran capacidad y carisma. Nunca perdió interés por la interpretación dramática, arte por el que los griegos sienten gran admiración, y fue nombrada Ministra de Cultura en 1981. De ella partió la idea de nominar cada año a una ciudad diferente como Capital Cultural Europea, una idea que transformó muchas ciudades. Atenas fue elegida la primera de ellas en 1985. Melina Mercouri también promovió una campaña para recuperar los mármoles del Partenón que conservan los ingleses en el Museo Británico. Murió en 1994 y está sepultada en el Primer Cementerio.

Los mármoles del Partenón

Pericles contrató al reputado escultor Fidias para ejecutar los trabajos del Partenón, incluidos los bellísimos frisos. En 1801 la Acrópolis estaba en ruinas, abandonada por los dirigentes otomanos. Lord Elgin negoció el traslado de algunos de los restos a Inglaterra. De hecho, se llevó más piezas de las acordadas vendiéndolas más tarde al Museo Británico, que hasta la fecha ha rechazado todas las demandas del estado griego para su devolución.

Lord Byron

Lord Byron (1788-1824) es una figura venerada en Grecia donde muchas calles y plazas llevan su nombre (Vyronos).Participó activamente en la Guerra de la Independencia, dispuesto incluso a luchar pero murió de fiebres en Missolonghi. En 1809 a la edad de 21 años visitó Atenas por primera vez,

Pericles

Nacido alrededor del año 495 AC llegó a ser el estadista más importante de la historia ateniense. Fue un visionario, con interés por las artes y las ciencias, que transformó el aspecto de la ciudad hasta tal extremo que el periodo entre el año 461 y 429 AC se denominó la Edad de Oro de Pericles. Hacia 461 AC era el líder de un partido democrático y en 443 AC fue nombrado gobernador y jefe militar de Atenas. Tras trasladar el Tesoro desde Delos a Atenas, convenció a los atenienses para invertir en un programa de continua construcción y reconstrucción, que atrajo a los mejores arquitectos de la época, escultores, artistas, científicos y maestros de obra. Los resultados todavía se pueden apreciar hoy, siendo las construcciones más notables los edificios de lo alto de la Acrópolis, entre los que el Partenón representa el legado de este gran hombre. Pericles fue también un hábil dirigente militar que combinó el valor y la diplomacia. Murió en 429 AC durante la plaga que asoló la Atenas que había transformado.

Pericles dejó una impronta imborrable en Atenas.

Diez lugares inolvidables

Agorá	16
Akropóli (Acrópolis)	17
Museo Nacional de Arqueología	18
Centro de Estudios de la Acrópolis	19
Lykavittós (Licabeto)	20-21
Museo de Arte Folclórico	22
Museo de Instrumentos Musicales Griegos	23
Mouseío Kykladikís kai Archaías Ellinikís Téchnis	24
Pláka	25
Stádio	26

Arriba: *la Stoa de Attalo en el Ágora.*
Derecha: *fragmento de una de las bellas estatuas que se conservan en el Museo del Ágora.*

1
Agorá

En sus tiempos, el Ágora albergó el mercado, la prisión, teatros y escuelas.

Después de la Acrópolis, otra visita obligada es el mercado de la antigua Atenas, con notables restos arqueológicos y un interesante museo.

28B2

Adrianou 24

321-0185

M-D 8.30-2.45. Cerrado festivos

Ninguno

Theseion/Monastiráki

Ninguno

Caro; domingo gratis

Monastiráki (➤ 50), Acropolis (➤ 17), Pláka (➤ 25)

Intente imaginar el Agorá (Ágora) poblado con puestos de mercado y tiendas, sus plazas y calles llenas de compradores y vendedores. Para visitar el Ágora es muy útil comprar un plano o consultar los paneles de información que se encuentran en la zona. Los primeros mercados se instalaron aquí alrededor del siglo VI a.C., antes era un cementerio. El Ágora fue el centro de la vida ateniense durante siglos, al igual que la Acrópolis, que se alza detrás y desde donde se contempla una buena panorámica, o desde el vecino Areópago (➤ 35).

En la zona se pueden ver los cimientos de muchos edificios. Las dos construcciones que dominan los extremos del recinto son el **Templo de Hefesto** (➤ 39) y la **Stoa de Attalo,** que alberga el pequeño pero excelente **Museo del Ágora.** La Stoa es un elegante edificio de dos plantas; construido en el siglo II a.C. ha sido magníficamente restaurado por la Escuela Americana de Arqueología y nos brinda la rara oportunidad de contemplar una construcción de la época. Alberga un museo repleto de curiosos hallazgos que nos hablan de la vida en la antigua Atenas: el orinal de un niño, el registro de una biblioteca o un artilugio para seleccionar oficiales. Entre el museo y la Acrópolis se puede visitar otro edificio restaurado, la **Iglesia de los Santos Apóstoles** (➤ 32).

2
Akrópoli (Acrópolis)

Acrópolis significa 'ciudad alta' y se refiere a la gran montaña rocosa sobre la que se fundó Atenas, hoy símbolo de su civilización.

La Acrópolis de Atenas impresiona tanto de día como de noche.

En lo alto de la Acrópolis se encuentran varios edificios notables. Todos ellos fueron construidos durante un periodo de auge de la construcción promovido por Pericles (► 14) en el siglo V AC. El más hermoso es sin duda el **Partenón**, en el que trabajaron los mejores escultores de la ciudad bajo la dirección del gran escultor Fidias. A pesar de la aparente simetría geométrica, en la construcción del Partenón no se utilizaron líneas rectas; los suelos, columnas y frisos terminan en discretas puntas que le confieren una armonía visual. Está construido con mármol que contiene partículas de hierro, lo que contribuye al asombroso resplandor que se puede ver en la puesta de sol. También es una vista maravillosa por la noche, cuando está iluminado.

Entre otros edificios de la Acrópolis se cuentan los **Propylaia (Propileos)** que eran la imponente entrada de la ciudad (a la izquierda de la entrada). El pequeño **templo de Atenea Niké** fue demolido por los turcos en 1686 y reconstruido en el siglo XIX. En el **Erecteion**, al final de la Vía Sacra, se cree que Atenea plantó el primer olivo. El museo contiene una impresionante colección de hallazgos, aunque algunas de las mejores piezas están siendo trasladadas poco a poco al **Centro de Estudios de la Acrópolis** (► 20).

28C2

Recinto 321-4172, Museo 323-6665

Recinto M-D 8.30-6.30, L 11-6.30. Cerrado festivos

Ninguno

Monastiráki/Theseion

Ninguno

Caro (entrada combinada al recinto y museo); domingo gratis

Agorá (► 16), Pnyx (► 63), Centro de Estudios de la Acrópolis (► 18)

Espectáculo de luz y sonido, entradas en Pnyx

3
Ethnikó Archaiologikó Mouseío (Museo Nacional de Arqueología)

Se trata de uno de los grandes museos del mundo, comparable al Museo Británico de Londres y al Louvre de París.

Poseidón, uno de los más antiguos dioses griegos.

- 28C5
- Oktovnou 28-Patission 44
- 821-7717
- L 12.30-6.45, M-V 8-6.45, S-D 8.30-2.45. Cerrado festivos. Tienda de recuerdos, M-S 8.30-2.30
- Café (M)
- Omonia
- Ninguno
- Caro; domingo gratis
- Exárchia (► 38)
- Visitas guiadas en varias lenguas

Si se desea explorar detenidamente el museo con la mejor colección de arte griego del mundo debe dedicarle al menos medio día o dos visitas. Entre las principales atracciones se encuentran los bellos **frescos** procedentes de las casas **de la isla de Thera,** donde se desarrolló una civilización contemporánea a la minoica de Creta antes de desaparecer a causa de un terremoto que sacudió la isla. También se exponen tesoros procedentes de Mesenia, entre los que se encuentra la famosa **máscara de oro** que hizo exclamar a su descubridor, el arqueólogo Heinrich Schliemann, "He visto el rostro de Agamenón". Estudios más recientes ponen en duda la validez de esta afirmación. Muchas de las estatuas resultarán familiares al visitante que podrá contemplar la enorme **estatua de Poseidón** a punto de clavar su tridente y, en menor escala, el '**Pequeño Jinete**' de Artemission, que representa a un niño montando al galope.

Si no dispone de mucho tiempo, las siguientes indicaciones pueden resultarle útiles. Al pasar por las puertas a la izquierda del vestíbulo principal, siga todo recto hasta el final, tuerza a la derecha y unas salas más adelante encontrará la imponente estatua de Poseidón. Continúe hasta el extremo de esta galería, tuerza a la derecha y siga hasta el vestíbulo principal donde está expuesta la estatua de bronce del 'Pequeño Jinete'. Esta estatua y la de Poseidón se encontraron juntas en 1927, en las costas de la isla de Eubea. Las escaleras de subida están ahora a su izquierda. En la sala que se encuentra a los pies de la escalera podrá

contemplar una maravillosa colección de bronces, como un sátiro subido de tono que aparece en muchas postales, aunque es tan pequeño que muchos visitantes pasan a su lado sin darse cuenta. Suba las escaleras y unos escalones más arriba encontrará la colección de delicados **frescos de Santorini,** que datan de alrededor del 1500 AC. Fíjese en el que representa a dos niños practicando el boxeo y en otra pared cubierta de monos, flores y antílopes. Retrocediendo unos peldaños, se encuentran las salas dedicadas a exposiciones temporales, a su izquierda. Si continúa hacia adelante llegará a la **Sala Minoica** que contiene los grandes tesoros de sus antiguos palacios. Al lado de las famosas máscaras funerarias del 1500 AC (contemporáneas a los frescos de Thera) se exhibe la notable **cabeza de toro** con cuernos de oro, una pieza de extraordinaria belleza.

Si todavía dispone de algún tiempo, visite las salas 7 a la 35, dedicadas a la **escultura** expuesta de forma cronológica. Las salas 36-39 contienen una colección de bronces, mientras que la 40 y 41 están dedicadas a asombrosos artefactos del antiguo Egipto.

Si lo desea puede alquilar una guía o solicitar una visita guiada en la entrada, al lado de las escaleras que bajan al café del sótano, donde también encontrará la tienda del museo. La tienda está cerrada los domingos.

Abajo: *el museo está rodeado de un parque pequeño pero agradable.* Recuadro: *cerámica de Santorini, cuyos frescos son la mayor atracción de la planta superior.*

4

Kéntro Meletón Akropóleos

(Centro de Estudios de la Acrópolis)

Luminoso y espacioso, el nuevo Centro de Estudios de la Acrópolis crece de forma continuada.

Se trata de un proyecto ambicioso creado para investigar sobre todos los aspectos de la construcción e historia de la Acrópolis.

- 28C1
- Makriyianni 2-4
- 923-9381
- Diario 9-2.30. Cerrado festivos
- 230
- Ninguno
- Gratis

Hasta la fecha, la estructura principal del edificio, unos barracones del ejército transformados, está rodeada de una zona de obras sin finalizar. La idea original de este centro fue promovida por Melina Mercouri, la ministra griega de cultura, con la esperanza de que algún día los mármoles del Partenón (➤ 14) fueran trasladados desde el Museo Británico para ser expuestos en este centro de Atenas. Por el momento, el centro dispone de réplicas de los frisos más importantes del Partenón, cuya escala nos impresiona, ya que se pueden contemplar de cerca. La habilidad de los artistas, la delicadeza de sus tallas y grandeza de la composición son evidentes y cualquiera que visite la Acrópolis debería visitar también este Centro de Estudios.

Otras exposiciones ilustran la construcción de la Acrópolis, como se transportaron los mármoles desde las colinas circundantes hasta Atenas, como se realizaron las tallas, como se erigieron las columnas, los cambios en la ciudad, las herramientas utilizadas y los trabajos de conservación y restauración que se están llevando a cabo. También se expone el proyecto arquitectónico para la construcción del centro al lado de otros proyectos presentados. La pequeña parte de este complejo que ha sido finalizada es impresionante y la visión del proyecto total nos hace más llevadero el polvo y las excavadoras del exterior.

↔ Acrópolis (➤ 17), Teatro de Dionisio (➤ 68), Odeón de Herodes Atticus (➤ 55), Museo de Joyas Ilias Lalaounis (➤ 54)

Esta antigua ateniense aguarda a la entrada de la ciudad.

5

Lykavittós (Colina Licabeto)

La colina más alta de Atenas con 278 m, domina la ciudad tanto como la Acrópolis de la que se contemplan hermosas vistas desde la cima.

La Colina Licabeto se encontraba en tiempos fuera de los límites de la ciudad. Hay que recordar que tan solo en el siglo XIX, Atenas consistía en un puñado de casas alrededor de la Acrópolis. Resulta difícil imagenárselo hoy en día, cuando desde la cima contemplamos la moderna metrópolis que se extiende ante nuestros ojos hasta el puerto de Pireo, en la costa. Algunas de las islas del Golfo Sarónico también se pueden ver, como Salamina (➤ 88) y, en un día claro, incluso Aegina (➤ 75).

Hacia el norte se ve el Monte Parnaso. Aunque hay una pendiente bastante fuerte para subir a este peñasco calizo, es muy agradable pasear por los senderos impregnados de olor a pino, llenos de mariposas e incluso algunas tortugas (➤ 12-13). Existen varias rutas para subir, con numerosos bancos para sentarse a descansar, un café a medio camino y otro en la cima. Aquí también se encuentra una pequeña capilla blanca del siglo XIX, **Ágios Geórgios (San Jorge),** cuya fiesta se celebra el 23 de abril. Por debajo de ella, hay un moderno teatro, donde se celebran todo tipo de conciertos y espectáculos. También es posible tomar el **funicular** que permanece abierto hasta las 10 PM. La colina es muy popular al atardecer y es el lugar perfecto para tomar una copa después de la cena.

- 29E4
- Funicular desde la esquina de Aristippou y Ploutarchou diariamente 8AM-10PM
- Cafés (C)
- 023
- Ninguno
- Gratis
- Kolonáki (➤ 46)

Bosques de pinos cubren las laderas de Lykavittós, en tiempos hogar de lobos (lykoi).

6

Mouseío Ellinikís Laografías

(Museo de Arte Floklórico Griego)

57C1

Kydathinaíon 17

321-3018, 322-9031

M-D 10-2.
Cerrado festivos

024, 230

Syntagma

Pocos

Moderado

Acrópolis (➤ 17), Anafiótika (➤ 35), Museo Helénico de los Niños (➤ 36), Museo de Arte Infantil (➤ 52), Pláka (➤ 25)

Exposiciones temporales

Trajes tradicionales ricamente adornados muestran la habilidad de los artesanos.

El Museo de Arte Folklórico Griego cuenta con una excelente colección que nos brinda la fascinante oportunidad de conocer las costumbres del país.

Grecia conserva bien sus tradiciones, tanto en la vida diaria como en museos como éste, situado en el barrio de Pláka. En la planta baja están expuestos bordados procedentes de diferentes islas y también del continente. La corte de Ali Pasha ejerció una fuerte influencia en las técnicas de bordado locales, importando ricos tejidos de Oriente Próximo y de tierras lejanas como Irán y Uzbekistán.

Se exhiben ruecas ornamentadas, lanzaderas y husos, al lado de tejidos como un almohadón realizado por pastores nómadas de Sarakatsán. Cuenta también con varios moldes de pan, utilizados en celebraciones familiares como en ritos religiosos (aunque en Grecia ambos se suelen confundir), en uno de ellos aparece grabado 'Aquel que come de mi cuerpo y bebe de mi sangre'. También se exponen varios trajes de mascarada, el más famoso es el de la Cabra Danzante de Skyros, el **Yeros,** que consta de una máscara, una piel de oveja y campanillas. Hay una exposición permanente dedicada al artista **Theofilos Hatzimichael** (*c*1868-1934). Merece una visita la sala Theofilos, donde cada milímetro de pared está cubierto de pinturas primitivas pero vibrantes procedentes de una casa de Lesbos, entre las que se incluyen retrato de Ajejandro Magno y de los héroes Katsantonis y Kolokotronis. Entre los objetos de plata se pueden ver pendientes, collares, cinturones y hebillas, y también objetos religiosos como una **biblia** impresa en Venecia en 1754, adornada con una cubierta de plata que representa la Resurreción.
La tienda del museo ofrece objetos de artesanía y una buena selección de libros.

7

Mouseío Ellinikón Mousikon Orgánon

(Museo de Instrumentos Musicales Griegos)

Este museo dedicado a la música y alojado en una elegante mansión de Pláka es una visita obligada, sienta Ud. o no pasión por la música griega.

La mansión fue construida en 1842 y cuenta con un agradable patio donde se celebran algunos conciertos en verano. Desde este patio se accede a la tienda del museo que ofrece una extensa selección de grabaciones y bibliografía sobre la música griega. El interior de la mansión fue transformado para crear tres plantas de exposiciones dedicadas a los instrumentos musicales griegos. Los instrumentos expuestos, algunos datan del siglo XVIII, son sólo una parte de la colección de más de 1.200 recogida por el musicólogo Fivos Anoyanakis.

En la zona de entrada se halla una zona de exhibición de vídeos que muestran la fabricación de algunos instrumentos y la forma de tocarlos. La diversión comienza en esta zona donde, utilizando auriculares, podemos escuchar el sonido de los diferentes instrumentos. Una breve introducción en griego y en inglés nos presenta al instrumento que vamos a escuchar, la melodía que se va a interpretar y donde fue grabada. Escuchar todas las grabaciones disponibles nos llevaría horas. En ocasiones se ve a gente no sólo llevando el ritmo con los pies sino bailando. Los instrumentos están agrupados por clases y muchos de ellos son verdaderas obras de arte.

Preste especial atención a las liras y guitarras. De forma más sencilla, una serie de fotografías nos muestra cómo hacer música simplemente con rosarios y una copa de vino. También se exhiben instrumentos rurales, como gaitas y flautas de pastores y se dan ejemplos del blues urbano conocido como *rembetika*.

Gaitas como éstas están hechas a menudo con estómagos de animales.

- 57C2
- Diogenous 1-3
- 325-0198/4119
- M, J-D 10-2, X 12-6. Cerrado festivos
- Ninguno
- Monastiráki
- Ninguno
- Gratis
- Acrópolis (➤ 17), Museo Kanellopoulos (➤ 53), Pláka (➤ 25), Ágora Romano (➤ 67), Torre de los Vientos (➤ 54)
- Conciertos en verano (más información en el museo)

8

Mouseío Kykladikís kai Archaías Ellinikís Téchnis (Museo de Arte de las Cícladas)

29E3

Neofytou Douka 4

722-8321, 724-9706 (tienda)

L, X-V 10-4; S 10-3. Cerrado M, D, festivos

Café (M)

Evangelismos

234

Ninguno

Barato

Museo Benaki (➤ 51), Museo Bizantino (➤ 69), Museo de la Guerra (➤ 64), Kolonáki (➤ 46)

El museo cuenta con obras que datan de hace 5.000 años.

Este moderno y asombroso museo alberga la fabulosa colección privada de Nikolas P Goulandris, armador y mecenas del arte.

La exposición engloba varios siglos de arte antiguo griego –ánforas, objetos de cristal y otros objetos– aunque el mayor interés del museo lo reciben los hermosos hallazgos de la civilación de las Cícladas que datan del 3000-2000 AC. Las estatuas son especialmente memorables –las figuras parecen flotar en sus vitrinas, iluminadas por una tenue luz que resalta sus formas y texturas–. Raro es el visitante que no se siente tentado a comprar alguna reproducción en la tienda del museo.

Los ordenadores proporcionan información sobre el museo y en una exposición fascinante, pero temporal ya que probablemente se trasladará al Centro de Estudios de la Acrópolis, nos permiten ver animaciones sobre las técnicas de construcción utilizadas en el Partenón.

En la esquina de Irodotou y Vasilissis Sofias está la entrada a la nueva ala añadida en 1992 y unida al edificio principal por un pasadizo de cristal. Esta nueva ala es tan interesante por el edificio en sí mismo como por su colección. Fue diseñado para uso propio por el arquitecto alemán Ernst Ziller, responsable también del Estadio Olímpico, el Palacio Presidencial y la residencia de Heinrich Schliemann en Panepistimiou. Algunas salas están decoradas con mobiliario y pinturas que pretenden recrear el aspecto de la mansión cuando estaba habitada por Ziller, a finales del siglo XIX. Otras salas contienen parte de la colección de arte de las Cícladas. Hay una tienda en el sótano y en planta superior exposiciones temporales. .

9
Pláka

Es difícil imaginar un viaje a Atenas sin pasar por Pláka –centro del ambiente y de la vida nocturna–, tanto para el visitante como para el ateniense.

Resulta prácticamente imposible pasear por las calles de Pláka sin olvidar que se es un turista, las calles están flanqueadas por tiendas de recuerdos y cada dos portales alguien intenta convencerte para que entres en su taberna. En muchos sentidos Pláka es una trampa para turistas, como el Soho en Londres o la Rive Gauche en París, pero también es el lugar donde comen y beben los atenienses. La zona comenzó a desarrollarse en el siglo XIX, al norte de la Acrópolis, cuando la población de la ciudad aumentó. De este periodo se conservan edificios notables, algunos de los cuales se pueden visitar. Algunos mantienen su estado original, como el **Centro de Tradición Helénica** (► 42); otros han sido modernizados y transformados en museos, como el **Kanellopoulos** (► 53) o el **Museo de Instrumentos Musicales Griegos** (► 23). Pero Pláka es, sobre todo, un lugar para callejear y salir a cenar. Hay innumerables restaurantes, algunos largamente establecidos y otros nuevos. No se deje engatusar por un local sólo por el hecho de que la persona que atrae a la clientela es amable. Es posible que coma bien, pero los mejores establecimientos sobreviven por su reputación entre los atenienses y no precisan andar a la caza de clientes.

La mayoría de los restaurantes recomendados en la sección 'Dónde comer' (► 92-99) han sido probados personalmente por el autor. En ellos no se cobra en exceso ni se ofrece comida de segunda para turistas.

57C2

Monastiráki

Muchos puntos de interés de Atenas se encuentran cerca de Pláka (► 56-57 plano de Pláka)

Antiguas mansiones de Pláka han sido adaptadas a las necesidades del turismo.

10

Stádio (Estadio Olímpico)

Por su elegancia y gracia, la belleza de este estadio atlético de piedra, dominado por la Acrópolis, es difícil de igualar.

El Stádio es la meta del maratón de Atenas que se celebra cada mes de octubre.

- 29E1
- Leoforos Ardhittou
- Diariamente desde la mañana al atardecer
- Ninguno
- 2, 4, 11, 12
- Pocos
- Gratis
- Jardines Nacionales (➤ 37), Palacio Presidencial (➤ 65), Templo de Zeus Olímpico(➤ 55)

El estadio fue construido en 1896 cuando se revivieron los Juegos Olímpicos celebrándose en su lugar de origen. Muchos griegos se sintieron decepcionados al no ser escogida Atenas para las olimpiadas de 1996, aunque se le concedió la sede para el 2004. El estadio también se conoce como el Estadio Panatenaico, donde se celebraban los juegos desde el siglo IV a.C. El estadio mantiene el mismo diseño que el antiguo, descrito por el geógrafo Pausanias en el siglo II d.C. El arquitecto Ernst Ziller, responsable también de muchos edificios atenienses de finales del siglo XIX, fue el encargado de diseñar el estadio manteniendo el espíritu de su predecesor.

La visita al estadio no le llevará mucho tiempo ya que no hay demasiado que ver, excepto la estructura como conjunto y algunos atenienses entrenando. Los visitantes pueden bajar a las pistas y contemplar las estatuas que marcan las salidas y metas. Los aficionados a la fotografía se sentirán tentados por las suaves curvas y repetitivas líneas de las 47 filas de gradas, que dan aforo a 60.000 personas y que se disponen a tres lados del estadio, dejando uno abierto hacia una de las pocas zonas arboladas del centro, los Jardines Nacionales. El Stádio no debe confundirse con el moderno Estadio Olímpico, construido en 1982 en un barrio del norte de la ciudad. .

Lo que hay que ver

Atenas 30-71
Gastronomía 60-61
Lo que hay que saber 70-71
Excursiones 72-90

Arriba: *icono del Museo Bizantino.*
Derecha: *La Guardia Nacional de guardia ante la Tumba al Soldado Desconocido.*

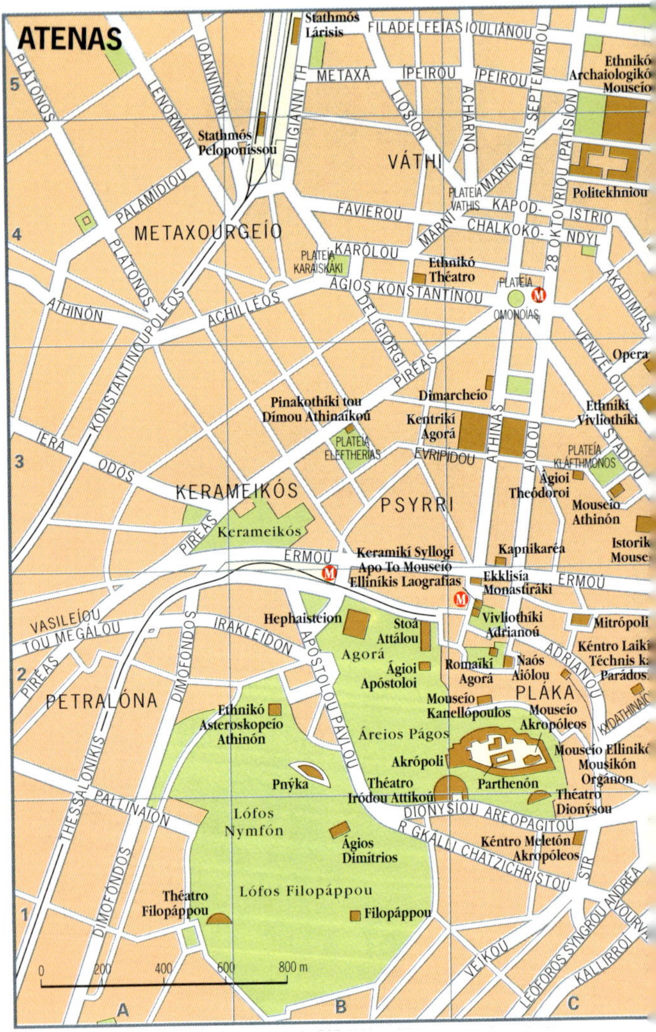
ATENAS
Stathmós Lárisis
Stathmós Peloponíssou
METAXOURGEÍO
VÁTHI
KERAMEIKÓS
PSYRRI
PLÁKA
PETRALÓNA
Ethnikó Archaiologikó Mouseío
Politekhniou
Ethnikó Théatro
Pinakothíki tou Dímou Athinaïkoú
Dimarcheío
Kentrikí Agorá
Opera
Ethnikí Vivliothíki
Ágioi Theódoroi
Mouseío Athinón
Kerameikós
Keramikí Syllogí Apo To Mouseío Ellínikís Laografías
Kapnikaréa
Ekklisía Monastiráki
Hephaisteion
Stoá Attálou
Agorá
Ágioi Apóstoloi
Vivliothíki Adrianoú
Mitrópoli
Kéntro Laikí Téchnis
Romaikí Agorá
Naós Aiólou
Mouseío Kanellópoulos
Mouseío Akropóleos
Ethnikó Asteroskopeío Athinón
Áreios Págos
Akrópoli
Mouseío Ellinikó Mousikón Orgánon
Pnýka
Théatro Iródou Attikoú
Parthenón
Théatro Dionýsou
Lófos Nymfón
Ágios Dimítrios
Kéntro Meletón Akropóleos
Théatro Filopáppou
Lófos Filopáppou
Filopáppou
PLATONOS
LENORMAN
IOANNINON
METAXÁ
ÍPEIROU
LIOSÍON
ACHARNÓN
TRÍTIS SEPTEMVRIOU
28 OKTOVRIOU (PATISION)
FILADELFEIAS
IOULIANOU
DILIGIANNI TH
PALAMIDIOU
FAVIEROU
MARNI
KAPODISTRIOU
CHALKOKONDYLI
PLATEÍA VATHIS
PLATEÍA KARAISKÁKI
KARÓLOU
AGIOS KONSTANTINOU
PLATEÍA OMONOÍAS
AKADIMIAS
VENIZELOU
STADIOU
ATHINÓN
ACHILLEOS
KONSTANTINOUPOLEOS
DELIGIORGI
PIREÁS
PLATEÍA ELEFTHERÍAS
EVRIPIDOU
ATHINÁS
AIÓLOU
PLATEÍA KLAFTHMONOS
IERA ODÓS
ERMOU
VASILEÍOU TOU MEGÁLOU
IRAKLEIDON
APÓSTOLOU PAVLOU
DIMOFÓNDOS
ADRIANOU
KYDATHINAÍON
THESSALONÍKIS
PALLINAÍON
DIONYSÍOU AREOPAGITOU
R GKALLI
CHATZICHRISTOU
VEIKOU
LEÓFOROS SYNGROU ANDREA
KALLIRROI
VOURVA
0
200
400
600
800 m
A
B
C
1
2
3
4
5

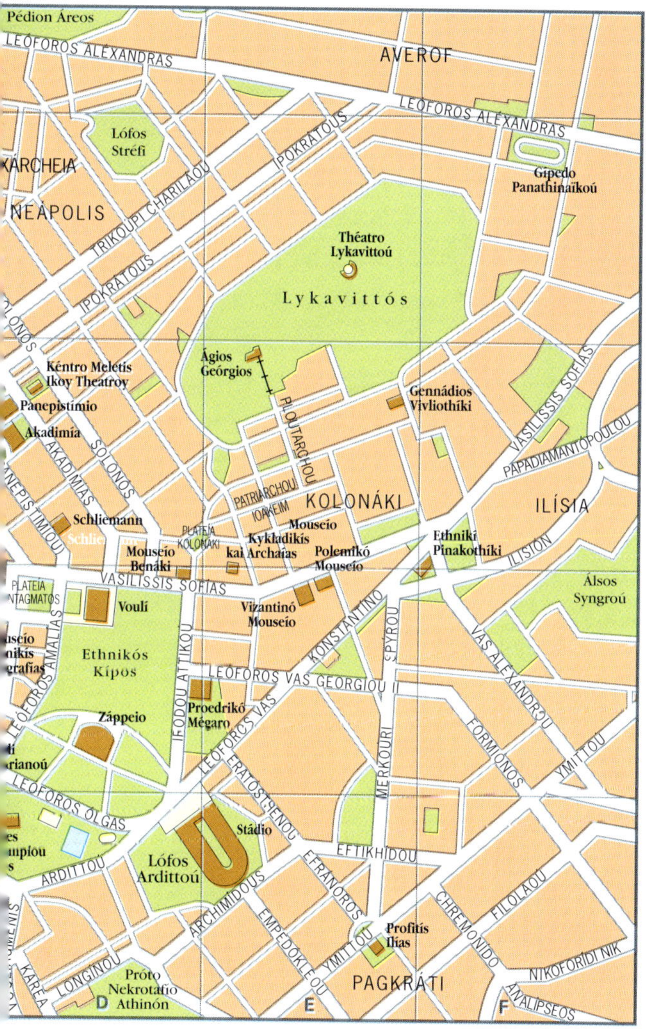
Pédion Áreos
LEÓFOROS ALEXANDRAS
AVEROF
LEÓFOROS ALEXANDRAS
Lófos Stréfi
XÁRCHEIA
NEÁPOLIS
TRIKOUPI CHARILÁOU
IPOKRATOUS
IPOKRATOUS
Gípedo Panathinaïkoú
Théatro Lykavittoú
Lykavittós
SOLONOS
Kéntro Meletís Ikoy Theatroy
Panepistímio
Akadimía
AKADIMIAS
SOLONOS
Ágios Geórgios
PLOUTARCHOU
Gennádios Vivliothíki
VASILISSIS SOFIAS
PAPADIAMANTÓPOULOU
PATRIARCHOU IOAKEIM
KOLONÁKI
ILÍSIA
Schliemann
PLATEÍA KOLONAKI
Mouseío Kykladikís kai Archaías
Polemikó Mouseío
Ethnikí Pinakothíki
ILISÍON
Mouseío Benáki
VASILISSIS SOFIAS
PLATEÍA SYNTAGMATOS
Vouli
Vizantinó Mouseío
Álsos Syngroú
AMALIAS
Ethnikós Kípos
IRODOU ATTIKOU
KONSTANTINOU
SPYROU
VAS ALEXANDROU
LEÓFOROS VAS GEORGIOU II
Záppeio
Proedrikó Mégaro
LEÓFOROS VAS
FORMIONOS
YMITTOU
MERKOURI
ERATOSTHENOUS
LEÓFOROS ÓLGAS
Stádio
EFTIKHIDOU
EFRANOROS
Lófos Arditttoú
ARDITTOU
ARCHIMIDOUS
EMPEDOKLEOU
Profítis Ilías
CHREMONIDOU
FILOLAOU
YMITTOU
NIKOFORIDI NIK
LONGINOU
KAREA
Próto Nekrotafío Athinón
PAGKRÁTI
ANALIPSEOS
D
E
F

Atenas

Aunque la superficie urbana cubre 427 km^2 y aunque, como cualquier ciudad moderna, Atenas se extiende por barrios nuevos, la mayoría de los puntos de interés se concentra en una pequeña zona del centro, a distancias que se pueden recorrer a pie. Caminar por las calles más transitadas de Atenas es una experiencia ruidosa debido al intenso tráfico, pero le ayudará a apreciar esta sorprendente ciudad donde las calles se desvían para salvar una pequeña iglesia bizantina y el metro traquetea al lado de restos arqueológicos. Los trabajos de una nueva línea tuvieron que ser detenidos a su paso por el Cementerio de los Alfareros debido al hallazgo de más restos, mucho más profundos de los que se conocían. Cuando caminamos por Atenas estamos formando parte tan sólo de la última capa de su historia.

‘... Atenas, la divina ,
por la voluntad del hombre,
sobre una colina de diamantes,
resplandecen sus columnas.’

PERCY BYSSHE SHELLEY
Canto a la Libertad (1819)

Atenas

Muchas personas eligen Atenas para pasar un fin de semana, otras pasan solamente un día en la capital cuando van de camino hacia las populares islas griegas. Sin embargo, son afortunados aquellos que disponen de tiempo para explorar esta ciudad cargada de historia. Atenas es un puerto mediterráneo, una ciudad en los confines de Europa con una fuerte cultura viva, no sólo historia. ¡Disfrútela!

La mayor atracción de Atenas la constituyen sus restos arqueológicos y el Museo Nacional de Arqueología (➤ 18-19), donde se exhiben los más valiosos hallazgos del mundo griego. Sin embargo, no hay que ignorar los pequeños museos y el bullicio de la vida cotidiana, especialmente en los mercadillos y en el Mercado Central (➤ 40). Como sucede en otros países mediterráneos, las calles están llenas de vida y formar parte de ella es tan atractivo como los aspectos históricos. Los griegos inventaron el teatro y todavía son unos entusiastas de este arte. No cabe duda de que Atenas le parecerá una ciudad frenética donde, como en todas las grandes ciudades, la gente no tiene tiempo para pararse con los extranjeros. No se deje llevar por la primera impresión. A los atenienses les encanta charlar, discutir y ayudar. Si está perdido, no dude en preguntar a alguién por el camino. Un griego siempre intentará ayudarle, aunque desconozca la respuesta adecuada.

Los mercados son siempre lugares llenos de vida.

Lo que hay que ver en Atenas

57C1
Lysikratous
230
Ninguno

AGÍA AIKATERÍNI (IGLESIA DE SANTA CATERINA)

No lejos del Monumento de Lysikrates (► 48), en una pequeña plaza arbolada con pequeñas palmeras, se alza la iglesia de Santa Catalina de los siglos XI-XII. En 1769, fue comprada por el importante monasterio griego ortodoxo de Santa Catalina, afincado en el egipcio desierto del Sinaí. Desde el exterior se aprecian claramente las partes que fueron añadidas a la iglesia posteriormente. Su interior está decorado con mármol blanco detacando el púlpito.

57C1
Kydathinaíon
230
Ninguno

AGÍA SOTIRA (IGLESIA DE SANTA SOTIRA)

La principal iglesia del barrio de Pláka se encuentra frente a la entrada al Museo de Arte Folklórico Griego (► 22). Su nombre completo es Sotira tou Kotaki y fue construida a finales del siglo XI y principios del XII, al tiempo que la cercana Iglesia de Santa Catalina (arriba). Ha sufrido muchas transformaciones a lo largo de su historia, pero en el recinto todavía se puede ver la única fuente que surtía de agua a todo el barrio de Pláka hasta después de la Guerra de Independencia en el siglo XIX.

56B2
En el Ágora
M-D 8.30-2.45. Cerrado festivos
Theseion/Monastiráki
Ninguno
Caro; domingos gratis

ÁGIOI APÓSTOLOI (IGLESIA DE LOS SANTOS APÓSTOLES)

Una de las iglesias más antiguas de Atenas se encuentra situada dentro del recinto del Ágora. Aunque los hallazgos arqueológicos son impresionantes, el visitante no debe dejar pasar la ocasión de visitar esta bonita iglesia. Data del 1000-25 d.C. pero fue transformada a lo largo de los

siglos. En 1954-1956 fue restaurada en su forma original. La iglesia fue construida sobre las ruinas de un santuario romano de ninfas del siglo II d.C. Los frescos del atrio son post-bizantinos y fueron traslados aquí desde la cercana iglesia de Ágios Spyridon cuando fue demolida. Los frescos originales se encontraron bajo una capa de yeso.

Página anterior: *la Iglesia de Santa Catalina está dedicada a la santa que murió torturada en la rueda, de ahí 'La Rueda de Santa Caterina'.*

ÁGIOS NIKODÍMOS (IGLESIA DE SAN NICODEMO) ✪

La iglesia original fue construida en 1031 d.C. siendo la capilla de un monasterio católico romano hasta 1701. En 1780 fue destruida por los turcos y su piedra fue utilizada en la construcción de una muralla defensiva. En la década de 1850, la iglesia ortodoxa rusa levantó el edificio actual que se sigue utilizando como la sede ortodoxa rusa más importante de Atenas. El imponente campanario contiene una campana donada por el Zar Alejandro II que retumba como un trueno, que podrá escuchar si pasa por allí en el momento oportuno. En el interior, además de los iconos podrá contemplar algunos bellos bordados rusos.

- 57D2
- Filellinon
- 323-1090 (mensaje grabado en griego y ruso)
- 024, 230

ÁGIOS NIKÓLAOS RAGAVÁS (IGLESIA DE SAN NICOLÁS RAGAVAS) ✪

En el límite del barrio de Anafiótika (► 35) se encuentra la iglesia más importante de la zona que fue construida en el siglo XI. En tiempos formó parte del palacio de la prominente familia Rangavas (cuyo apellido pasó a ser Ragavas en algún momento). En esa época toda la zona se conocía como Rangavas. Si se fija atentamente en la parte sureste de la iglesia descubrirá columnas y otras piezas de cantería procedentes de la Acrópolis.

- 57C1
- Prytaneiou/Epicharmou
- 322-8193
- Monastiráki

La pensativa y respetada figura de un pope griego.

ÁGIOS PÁVLOS (IGLESIA DE SAN PABLO) ✪

No todas las iglesias de Atenas pertenencen a la iglesia ortodoxa griega. Este bello edificio, recientemente restaurado, es la mayor iglesia anglicana de Atenas. Cuando se construyó, en 1838, estaba rodeada de extensos jardines pero ahora se encuentra en medio del intenso tráfico del cruce de Filellinon y Amalias. Está decorada con hermosas cristaleras que representan a San Pablo, San Andrés y la Vida de David, entre otros temas bíblicos.

- 57D1
- Filellinon
- 024, 230
- Ninguno

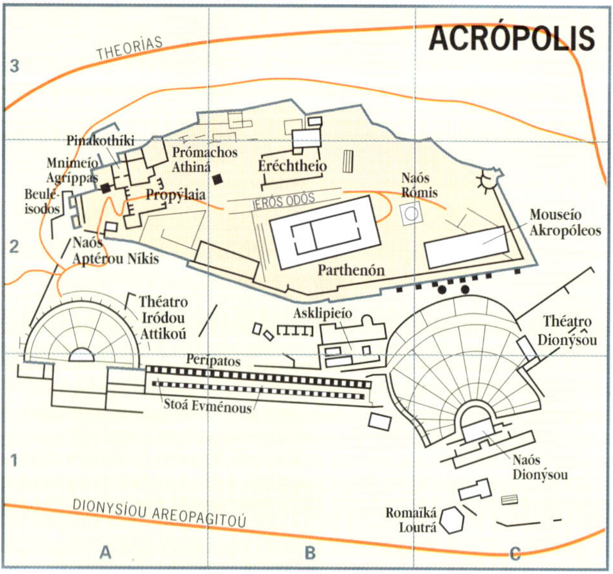
ACRÓPOLIS
THEORÍAS
3
2
1
A
B
C
Pinakothíki
Mnimeío Agríppas
Beulé isodos
Prómachos Athiná
Eréchtheio
Propýlaia
IERÓS ODÓS
Naós Rómis
Mouseío Akropóleos
Naós Aptérou Níkis
Parthenón
Théatro Iródou Attikoú
Asklipieío
Théatro Dionýsou
Perípatos
Stoá Evménous
Naós Dionýsou
Romaïká Loutrá
DIONYSÍOU AREOPAGITOÚ

¿Sabía usted que ... ?

Cada año se realizan millones de fotografías en la Acrópolis, sin embargo en el verano de 1839 las cosas eran diferentes. El fotógrafo franco-canadiense Pierre Gustave Joly de Lotbinière precisó de carros tirados por caballos para trasladar su equipo fotográfico hasta la semiderruida Acrópolis. Expuso tan solo diez dagerrotipos, dos de los cuales fueron publicados en 1841 y son considerados como las primeras fotografías tomadas en la Acrópolis.

Página anterior: *al atardecer la Acrópolis resplandece dorada, efecto producido por los minerales del mármol.*

AGORÁ (➤ 16)

AKROPÓLI (➤ 17,)

ANAFIÓTIKA ✪✪

Descubrir este encantador barrio de Atenas es como llegar de repente a un pueblecito de una isla. Y efectivamente, aparte de su localización, es exactamente eso, un pueblecito. Cuando el rey Otón decidió construir su palacio, tras su coronación en 1832, fue informado de que los mejores constructores provenían de la isla cíclada de Anafi, al este de Thera. Los constructores comprendieron que estarían lejos de su hogar durante varios años y recrearon su pueblo en Atenas, con casitas blancas y callejuelas estrechas, a los pies de la Acrópolis. Sin duda, la mejor forma de subir es a través de Anafiótika. El camino está señalizado con bonitos carteles pintados a mano, algunos indican dónde comienza un huerto privado.

57C1
230

Abajo: *fragmento del sermón de San Pablo a los atenienses.*

ÁREIOS PÁGOS (AREÓPAGO) ✪

Enfrente de la entrada a la Acrópolis está la escalera de piedra excavada en la roca que lleva hasta el Areópago, donde en un tiempo residió el Tribunal de Atenas. El nombre significa 'Colina de Marte'. La leyenda dice que fue aquí donde Marte, el dios de la guerra (Ares en griego) fue juzgado por asesinar a uno de los hijos de Poseidón. Aquí también Orestes fue acusado de asesinar a su madre, Clitemnestra, en la tragedia de Esquilo *Euménides*. En el año 54 d.C., San Pablo dirigió su sermón a los atenienses desde aquí. Dicho sermón puede leerse en una placa de bronce. El recinto tiene acceso libre y es más conocido por la panorámica que ofrece que por los restos arqueológicos.

56B2
Acceso libre
Monastiráki /Theseion
Ninguno
Gratis

57C2
Nikis 39
322-5582
L-V 9-2.30, D 10-2. Cerrado sábado y fiestas religiosas griegas y judías
Syntagma
Ninguno
Gratis

EBRAÏKÓ MOUSEÍO TIS ELLÁTHOS (MUSEO HEBRAICO DE GRECIA)

Las exposiciones de este fascinante museo, en los límites del barrio de Pláka, están dispuestas en nueve niveles a los que se accede desde un atrio octogonal. En la planta baja, entre otras cosas, se puede contemplar el interior de una sinagoga restaurada de los años veinte, procedente de Patra. Entre las exposiciones temáticas se incluyen los orígenes bíblicos de la llegada del judaísmo a Grecia alrededor del siglo II a.C, las costumbres hebraicas y sus coloristas vestimentas y los terribles años del Holocausto, durante los que muchas comunidades judías griegas fueron exterminadas, entre ellas las de Kastoria, Creta y Drama. Las comunidades más grandes de Atenas y Tesalónica lograron sobrevivir aunque sufrieron terriblemente. En la planta baja, la tienda ofrece réplicas y una selección de libros sobre la historia de los judíos en Grecia.

57C1
Kydathinaíon 14
331-2995
L-X 9.30-1.30, V 9.30-1.30, 5-8, S-D 10-1. Cerrado martes, jueves y festivos
Syntagma
Ninguno
Gratis

ELLINIKO PAITHÍKO MOUSEÍO (MUSEO HELÉNICO DE LOS NIÑOS)

Se trata de un proyecto nuevo y muy atractivo, aunque pequeño y de momento algo improvisado. En el laberinto de sus salas se encuentran talleres, zonas de juegos y de exposiciones sobre temas como la construcción de las nuevas líneas de metro de Atenas. Esto permite a los niños enfundarse un casco y usar la pala con sus manos para ayudar al avance de las líneas de metro. Otras actividades divertidas abarcan desde lo antiguo (vestirse con trajes de la época) hasta lo moderno (ordenadores). Para más información contacte con el museo. Es recomendable solicitar con antelación visitas guiadas en español.

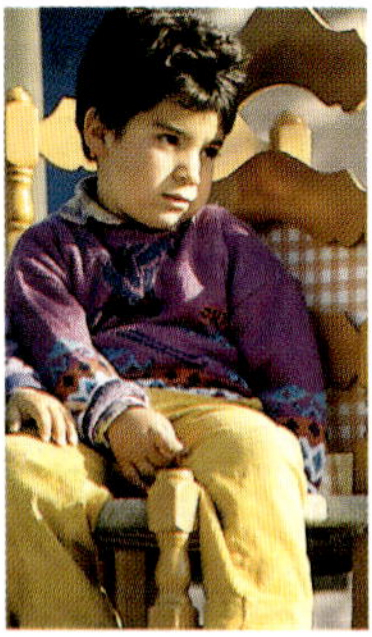

A los más pequeños les encantará el Museo Helénico de los Niños.

ETHNIKÍ PINAKOTHÍKI (GALERÍA NACIONAL) ✪

Ubicada en el feo edificio situado frente al Hotel Hilton, no es fácil de encontrar. La visita a esta pinacoteca puede defraudar si se la compara con las pinacotecas nacionales de otras capitales, aunque hay numerosas obras de interés para los aficionados a los artistas griegos, entre los que se hallan algunos tan importantes como El Greco. Algunos paisajes marinos y rurales resultan atractivos para aquellos que conozcan el país, sin entrar en consideraciones artísticas. Entre los artistas europeos se encuentra Picasso, Brueghel, Rembrandt, Goya, Caravaggio y Van Dyck, aunque ni siquiera esta pequeña colección está abierta permanentemente ya que se accede a ella a través de las salas frontales, dedicadas a exposiciones temporales, que permanecen cerradas durante el montaje y desmontaje.

29F3
Vasileos Konstantinou 50
723-5937
L, X-S 9–3; D 10-2. Cerrado festivos
234
Ninguno
Moderado

ETHNIKÓ ARCHAIOLOGIKO MOUSEÍO (MUSEO NACIONAL DE ARQUEOLOGÍA) (➤ 18)

ETHNIKÓS KÍPOS (JARDINES NACIONALES) ✪

También conocidos como Jardines Reales, fueron creados en 1840 por la reina Amalia, esposa de Otón, primer rey de Grecia. Cubren 16 ha proporcionando un sombreado y tranquilo refugio de las ruidosas calles de la ciudad: estanques con peces y tortugas, senderos bordeados de árboles, fuentes, cafés y parques infantiles. Otras atracciones son una biblioteca infantil y un pequeño museo botánico. Menos agradables son los gatos callejeros y un triste Zoo. En el borde sureste está el Zappeion, construido a finales del siglo XIX por dos ricos grecorromanos como palacio de exposiciones, hoy centro de congresos.

La reina Amalia ordenó a su armada traer plantas y semilleros de Italia para los Jardines Nacionales (abajo y recuadro).

29D2
Amanecer - anochecer
Cafés (E)
2, 4, 11, 12
Gratis

29D4
Muchos (E-M)
Omonia

EXÁRCHEIA (EXARQUIA) ✪

Este barrio estudiantil se hizo internacionalmente famoso el 17 de noviembre de 1973, cuando los estudiantes ocuparon la Politécnica en protesta por los seis años de dictadura de los Coroneles. Tras varios días de protestas, los Coroneles mandaron los tanques, matando a un número desconocido de estudiantes. Así comenzó la decadencia del régimen dictatorial. El edificio de la Politécnica, en el cruce de Oktovriou (nº 28) y Stournari, aún muestra las heridas. Suba por Stournari hasta la animada placita de Exarchia, llena de bares y cafés. Por las noches las calles están aún más animadas, con más bares y *ouzeries* abiertos que se llenan rápidamente y permanecen así hasta altas horas.

28B1
Cafés (E)
230
Ninguno

FILOPÁPPOU ✪✪

En la zona de Pnyx (► 63), en la cima de la Colina de las Musas (147 m) se halla el Monumento de Filopappou. Desterrado a Atenas por los romanos, Filopappou llegó a ser el cónsul romano de la ciudad en el año 100 d.C. Era un personaje muy querido por su generosidad, por ello se le permitió construir esta grandiosa tumba en el 114-116.

La original torre del Monumento a Filopappou.

29E3
Soudias 61
721-0536
L-M, V 9-5, X-J 9-8, S 9-2. Cerrado festivos y en agosto
3, 7, 8, 13
Ninguno
Gratis

GENNÁDIOS VIVLIOTHÍKI (ESCUELA AMERICANA DE ESTUDIOS CLÁSICOS) ✪

Este edificio neoclásico de Kolonáki alberga una extensa biblioteca de temas griegos. Fundada por John Gennadios en 1926 contiene más de 24.000 volúmenes, aunque su mayor interés para el visitante es la colección de objetos pertenecientes a Lord Byron (► 14) y la pintura de Edward Lear. Las pertenencias de Byron, como su reloj y algunos papeles, están expuestas en una pequeña urna al final del corredor de la izquierda. Parte de la obra de Lear se exhibe en la galería, subiendo por las escaleras de la entrada.

HEPHAISTEION (TEMPLO DE HEFESTO) ✪✪✪

Este hermoso templo domina la parte occidental del Ágora (➤ 16). También se conoce como Thiseío (Thission) –al igual que los alrededores de Atenas– porque algunos de sus frescos muestran a Teseo, uno de los reyes míticos de la ciudad, y a su hijo Egeo, que da nombre al Mar Egeo. Hefesto era el dios del fuego, de las artes y de la metalurgia y, al igual que el cercano Keramikos (➤ 15) era el barrio de los alfareros, éste constituía el de los herreros y orfebres. El templo dórico, construido entre 449-444 a.C., da comienzo a la Edad de Oro de Pericles (➤ 14). Se trata de la construcción mejor conservada del Ágora y probablemente de toda Grecia.

- 56A2
- En el Ágora, Adrianou 24
- 321-0185
- M-D 8.30-2.45. Cerrado festivos
- Theseion/Monastiráki
- Ninguno
- Caro; domingo gratis

ISTORIKÓ MOUSEIO (MUSEO NACIONAL DE HISTORIA) ✪

Este archivo de documentos y objetos históricos se halla en el antiguo edificio del Parlamento, que lo ocupó desde su construcción en 1858 hasta 1934. Una de sus grandes atracciones es la gran **Sala de Debates del Antiguo Parlamento.** El contenido del museo probablemente sea de interés para historiadores, mientras que los admiradores de Lord Byron (➤ 14) podrán visitar una sala que contiene algunas de las pertenencias del autor, como su espada, escritorio, baúl, pistola y yelmo. El museo ilustra la historia moderna del país, desde el siglo XIV hasta poco después de la independencia. Cuenta con una extensa colección de armas y homenajes a los que lucharon por la independencia del país. Como cabe esperar, está totalmente centrado en Grecia con numerosas pinturas de personajes ilustres. Desafortunadamente, sólo dispone de información resumida en inlgés y francés, además de griego.

- 28C3
- Stadiou 13
- 323-7617
- M-D 9-1.30. Cerrado festivos
- Plateía Syntagmatos cuando está abierta
- Ninguno
- Moderado

Arriba: *el templo dedicado a Hefesto, constuctor de la armadura de Aquiles.*

28C3
Ermou/Kapnikareas
322-4462
Monastiráki
Ninguna

KAPNIKARÉA ✪

En 1834, cuando se construyó la famosa calle Ermou se hablaba de demoler esta preciosa iglesia bizantina, que se alza justo en medio del trazado de la calle, frente al Parlamento. Gracias a la intervención de Luis de Baviera, padre de Otón, primer rey de Grecia, la iglesia se salvó de los bulldozers. La estructura actual data del siglo XIII, aunque el primer edificio era del siglo XI. Desde 1931 pertenece a la Universidad de Atenas, que ha ayudado a restaurarla. En su interior, las paredes están adornadas con numerosas pinturas, aunque son difíciles de apreciar si el día no es muy soleado.

Las tiendas y puestos del Mercado Central, como ésta de nueces y brandy, se especializan en uno o dos productos.

28C3
Athinas/Evripidou
L-S mañanas y tardes
Varios en las inmediaciones (E)
Omonia

KENTRIKÍ AGORÁ (MERCADO CENTRAL) ✪✪

Al sur de Omonia, donde Athinas se une a Evripidou, se encuentra la estructura metálica del siglo XIX del mayor mercado de carne y pescado de la ciudad. El mercado hierve de actividad seis días a la semana. En él se puede encontrar todas las variedades de pescado del Egeo y de otros mares, todos los cortes de carne que se utilizan en la cocina griega. De seguro no es el lugar ideal para los vegetarianos a los que recomendaría explorar las calles de las inmediaciones donde se encuentran tiendas fascinantes que exponen sus productos, como fruta, verdura, flores, frutos secos, especias, aceitunas, quesos y otros. En un día soleado, se ve a fotógrafos con sus cámaras fascinados por el colorido de los puestos. Es el lugar ideal para ver a los atenienses en su salsa, comprar un sabroso recuerdo o abastecerse para una comida campestre.

Mercados y bazares

Comience en la plaza Monastiráki y descienda por la calle principal, Ermou.

Los domingos hay puestos de viejo, durante la semana están abiertas todo tipo de tiendas. A su izquierda está la zona de bazares de Monastiráki (➤ 50), siempre animada.

Siga recto en los semáforos. A su derecha se encuentra el cementerio Kerameikós (➤ 45).

Para visitarlo continúe hasta llegar a la entrada que está a su derecha. Los domingos esta zona está llena de puestos de mercadillo.

Si no desea visitar el cementerio tuerza a la derecha, donde comienza el muro, a lo largo de Melidoni.

A su derecha verá una sinagoga.

Gire a la izquierda al final, después tome la segunda a la derecha, Psaromilingon. Cruce la pequeña plaza y prosiga por Korinis.

Se dirige ahora hacia la vieja zona de mercado, bajando por callejuelas repletas de tiendas de frutos secos, pan, especias y otros productos.

Al final de Korinis gire a la derecha (Sapfous), a la izquierda (Menandrou) y a la derecha a lo largo de Sofokleous.

Sofokleous está en el corazón del mercado, con tiendas especializadas y mayoristas, muy activas a las horas punta.

Al llegar a Athinas tuerza a la derecha.

Cruce la calle para visitar el Mercado Central (➤ 40), famoso por sus carnes y pescados, aunque se vende todo tipo de alimentos. Los vegetarianos preferirán no adentrarse demasiado.

Continúe bajando por Athinas hasta regresar a la plaza Monastiráki.

A la salida del metro Monastiráki hay puestos de comida, bebida, fruta baratillos.

Recorrido
2,5 km

Duración
1 hora sin paradas,
2-3 horas con visitas

Punto de salida/llegada
Plaza Monastiráki
56B2
Monastiráki

Almuerzo
Sigalas (E)
Plateía Monastiráki 2
321-3036

Este telar forma parte de la exposición del Centro de Artes Populares y Tradiciones.

KÉNTRO ELLINIKIS PARADOSIS (CENTRO PARA LAS TRADICIONES HELÉNICAS) ✪✪

- 57C2
- Pandrossou 36/Mitropoleos 59
- 321-3023 (café)
- L-V 8.6, S-D 8.3.30
- Café y restaurante (E)
- Monastiráki
- Ninguno
- Gratis

Ubicado en el interior de una galería, entre Mitropoleos y Pandrossou, es un buen lugar para comprar artículos griegos realizados por artesanos con técnicas tradicionales. Aquí podrá encontrar muebles, joyas, cerámica, pintura, bordados y todo tipo de artículos de calidad. En la segunda planta se celebran exposiciones temporales de arte y artesanía. También hay una zona donde se exponen antigüedades en venta. La primera planta dispone de un buen café y restaurante.

KÉNTRO LAIKIS TÉCHNIS KAI PARADOSIS (CENTRO DE ARTES POPULARES Y TRADICIONES) ✪

- 57C1
- Angelikis Hatzimikali 6
- 324-3987
- M-J 9-9, X, V, S 9-1, 5-9. Cerrado festivos
- 230, 024
- Ninguno
- Gratis

La calle donde se halla esta mansión de Pláka lleva el nombre de su antigua ocupante, Angeliki Hatzimikali, nacida en 1895. Fue artista, escritora, mecenas y amante del arte popular griego. Su casa es tan fascinante por sí misma como por los objetos expuestos, que forman parte de la colección de la Sociedad Flolklórica Griega: plata, trajes, utensilios, pintura, cerámica y tejidos.

KÉNTRO MELETIS IKOY THEATROY (MUSEO DEL TEATRO GRIEGO) ✪

- 29D3
- Akadhimias 50
- 362-9430
- L-V 9-2.30. Cerrado S-D, festivos y agosto
- 3, 8, 13
- Pocos
- Moderado

En los sótanos del Centro Cultural Griego –que ofrece información actualizada sobre acontecimientos culturales organizados en muchos museos y galerías estatales– se encuentra este pequeño pero entretenido museo consagrado al teatro griego. A no ser que sienta mucho interés por el tema y pueda leer la información en griego, la visita no le llevará mucho tiempo, aunque cuenta con algunas secciones atractivas. La más interesante es la que recrea los camerinos de algunos actores famosos, como la querida Melina Mercouri (► 14), de la que se exhiben vestuario, libros, gafas, maquillaje, correspondencia de admiradores y otros recuerdos muy bien presentados. El museo cuenta también con vesturario teatral, títeres, pósters y maquetas de escenografías famosas.

La Mezquita de la Fuente Baja.

KÉNTRO MELETÓN AKROPÓLEOS (CENTRO DE ESTUDIOS DE LA ACRÓPOLIS) (➤ 20)

KERAMIKÍ SYLLOGÍ APO TO MOUSEÍO ELLINÍKIS LAOGRAFÍAS (COLECCIÓN DE CERÁMICA DEL MUSEO DE ARTE FOLKLÓRICO GRIEGO)

Esta interesante colección está recogida en la mezquita de Tsistarakis, construida en 1759. Desde la creación del estado griego, el edificio ha sido utilizado por la banda del ejército y como hospital. La colección se centra en cerámica de Grecia y Chipre de la primera mitad del siglo XX. Las 794 piezas forman parte de la colección del profesor Vassilios Kyriazopoulos reunida durante 50 años.

- 56B2
- Tzami Tsistarakis, Areos 1
- 324-2066
- X-L 9-2.30. Cerrado festivos
- Monastiráki
- Ninguno
- Moderado

Alrededor de la Acrópolis

Recorrido
2 km

Duración
2-3 horas con paradas

Punto de salida
Plaza Monastiráki
56B2
Monastiráki

Punto de llegada
Plateía Lysikrátous
57C1
230

Almuerzo/merienda
Diogenes (M)
Selley 3,
Plateía Lysikrátous
322-4845

Comenzando por la plaza Monastiráki, suba por Areos en dirección a la Acrópolis.

A su izquierda verá la mezquita que alberga la Colección de Cerámica del Museo de Arte Folklórico Griego (➤ 43) que merece una visita. Justo detrás se ven las ruinas de la Biblioteca de Adriano.

Al final de Areos tuerza a la izquierda y después a la derecha por Dioskoron. Si tiene dudas, ¡siga subiendo! Al final de Dioskoron, suba por las escaleras que zigzaguean hacia la Acrópolis, a veces se estrechan tanto que casi desaparecen.

A su derecha se halla el Ágora (➤ 16). El templo que vemos es el Theseion, que da nombre a la zona. Más allá se encuentra el Areópagos y del otro lado, a su izquierda, la entrada a la Acrópolis (➤ 17).

Si visita la Acrópolis, al salir tome a la izquierda y baje las escaleras que la mayoría de los turistas suben. Abajo, al torcer a la izquierda por Areopagitou, pasará delante de las filas de autocares turísticos.

A su izquierda se alza ahora el Odeón de Herodes Atticus (➤ 55).

Para visitar este teatro siga por el camino que sale a la izquierda. Si no, continúe por la calle que más adelante pasa por la entrada al Teatro de Dionisos (➤ 68).

La biblioteca original de Adriano fue mucho más grande de lo que sugieren sus ruinas (120 x 80 m).

Enfrente, a su derecha, verá el Centro de Estudios de la Acrópolis (➤ 20), que todavía está en construcción.

Si desea visitarlo, cruce en el primer semáforo. La entrada está bajando por Makriyanni. De lo contrario, tome a la izquierda en el semáforo, por Vyronos (calle Byron) y suba hasta Plateía Lysikrátous para tomar un merecido refrigerio.

KERAMEIKÓS (CEMENTERIO DE LOS ALFAREROS) ✪✪

El cementerio más importante de la antigua Atenas se encontraba en Kerameikos, o barrio de los alfareros. Keramos era el patrón de estos artesanos y de su nombre procede la palabra cerámica. El cementerio contiene tumbas y otros restos arqueológicos que datan del siglo XII a.C., cuando fue utilizado por primera vez para ritos fune-rarios. Muchas lápidas han sido devueltas a su lugar original, alineadas en la gran Avenida de las Tumbas, que estaba reservada a los ricos. Una de ellas, la Tumba de Dionisio de Kollytos, un rico tesorero ateniense, tiene una bella estatua de un poderoso toro. Otras van desde la mera ostentación a la sencillez más conmovedora.

También se encuentra aquí flora y fauna abuntante, favorecidas por el arroyo que atraviesa el recinto. Se pueden ver pequeñas tortugas entre la hierba y, en los árboles, pinzones y colirrojos negros, mientras que los olivos y otras plantas crecen profusamente. Es un buen lugar para descansar del ruido de la urbe, excepto los domingos por la mañana, cuando al otro lado de sus muros se instalan los puestos del mercadillo.

Su museo lleva el nombre de Gustav Oberlander que financió las excavaciones en la década de 1930. Contiene buenos ejemplos de cerámica y de las *ostraka*, o tablas electorales, de donde deriva el término ostracismo. También cuenta con algunas lápidas conmovedoras, con mensajes como éste de un padre afligido: 'Este monumento, Genofantes, fue creado a tu muerte por tu apenado padre, Sofilos, que llora sin consuelo tu partida'.

28B3
Ermou 148
346-3552
M-D 8.30-3.
Cerrado festivos
Theseion
Ninguno
Moderado

La mayoría de las tumbas del Keramikos datan aproximadamente del siglo IV a.C.

Diseñadores griegos y extranjeros se concentran en Kolonáki, y ¡mirar escaparates es gratis!

29E3
234

Embalse
Si quiere ir andando a Lykavittós directamente desde la plaza Kolonáki, pasará por un pequeño parque llamado Dexameni, que significa 'embalse'. Debajo de sus pies se encuentra un gran tanque que surte de agua a Atenas, en el mismo lugar donde había una cisterna romana.

KOLONÁKI ✪✪

El barrio de Kolonáki es una de esas zonas de Atenas que sorprenden al visitante. La mayoría de los turistas parecen familiarizados con los monumentos clásicos, la animación del barrio de Pláka y el bullicio de los bazares, pero, de alguna manera, no esperan encontrarse esta zona elegante y exclusiva de la ciudad, donde las boutiques de diseño están frecuentadas por adineradas viudas que pasean sus perritos por la calle como si estuvieran en París. Aquí se encuentran también galerías de arte, establecimientos con el último grito en telefonía móvil y otros electrodomésticos, bares, *ouzeries*, terrazas y antiquarios cuyos precios le hacen a uno pensar que resultaría más barato comprar un pieza del Partenón.

El corazón del barrio lo constituye el Plateía Kolonakíou, o plaza Kolonáki. Posiblemente sea caro tomarse un café y un trozo de pastel en una terraza (si es goloso debe visitar alguna de las pastelerías), pero vale la pena el precio, para observar a los paseantes y a los vecinos de otras mesas que cotillean sobre la última tendencia en arte o el último escándalo político. Si existiera un mercado para la exportación de éstos, ¡Grecia sería un país rico!

El nombre oficial de la plaza es Plateía Filikís Eteriás, pero todos la llaman *Kolonáki* que significa columna. Si se fija atentamente debajo de los arboles de la esquina suroeste descubrirá la antigua columna que da nombre a esta plaza y a todo el barrio.

LYKAVITTÓS (COLINA LICABETO) (➤ 21)

Paseo por Kolonáki y Lykavittós

Desde la plaza Syntagma suba por Vasilissis Sofias, la calle principal a la izquirda del Parlamento. En el quinto cruce, en la esquina con Koumbari, a su izquierda se halla el Museo Benaki (➤ 51).

Este museo contiene la colección de arte de un rico comerciante griego, Antoine Benaki.

Tome a la izquierda en el museo y suba por Koumbari hasta la plaza Kolonáki.

Kolonáki es la zona más de moda de Atenas, el tipo de lugar donde acaudaladas señoras pasean sus perritos por la calle. La plaza Kolonáki está rodeada de boutiques, cafés y elegantes tiendas de regalos.

Cruce la plaza y salga por la esquina de la derecha, por la calle Patriarchou Ioakim. Pase dos cruces y en el tercero, en el primer semáforo, tuerza a la izquierda por Plutarchou.

Esta empinada calle sube hacia la Colina Licabeto (➤ 21), visible en lo alto.

Al final de Plutarchou puede tomar el funicular que lleva a la cima de la Colina Licabeto.

Disfrute de la panorámica de Atenas: en un día claro se llega a ver la isla Aegina.

Tome el zigzagueante sendero que desciende a través de los bosquecillos de las laderas de la colina. Si ignora los pequeños senderos que salen a izquierda y derecha, llegará a Aristippou, unos 100 m más abajo de la estación del funicular. Siga recto descendiendo hasta Loukianou, baje por Kolonáki y por Vasilissis Sofias para salir casi enfrente a la entrada al Museo Bizantino.

Si toma a la izquierda llegará al Museo de la Guerra (➤ 64) y, cerca del Hotel Hilton, a la Galería Nacional (➤ 37). Si ya ha tenido bastante caminata para un día, tuerza a la derecha bajando por Vasilissis Sofias para regresar a la plaza Syntagma.

Recorrido
3 km

Duración
1 /2 horas sin paradas, 2–3 horas parando

Punto de salida/llegada
Plateía Syntagmatos
29D2
Syntagma

Almuerzo/cena
GB Corner (C)
Grande Bretagne Hotel, Syntagma Square
333-0000

En verano el funicular sube a la Colina Licabeto cada diez minutos; en invierno lo hace con menos frecuencia.

El rey Otón y su esposa, la reina Amalia, colocaron la primera piedra de la Catedral de Atenas el día de Navidad de 1842.

57C2
Plateía Mitropoleos
Monastiráki
Ninguno
Gratis

MITRÓPOLIS

Dos iglesias muy diferentes contrastan una frente a otra en la plaza Mitrópolis. Una se llama Mikrí Mitrópoli (Pequeña Mitrópolis). Se trata de una iglesia del siglo XII dedicada a Ágios Eleftherios y que, si la encuentra abierta, merece una visita por su evocador interior. Parece empequeñecida por su enorme vecina, la Megáli Mitrópoli (Gran Mitrópolis), Catedral de Atenas, un edificio moderno construido en el solar de un monasterio demolido en 1827. Del exterior de la catedral cabe resaltar su hermosa entrada, decorada con un mosaico de la Anunciación (*Evangelismos*), nombre oficial de la iglesia.

57C1
Plateía Lysikrátous
Acrópolis, cuando está en funcionamiento
1, 5, 9, 18

MNIMEÍO LYSIKRÁTOUS (MONUMENTO DE LISICRATES)

Este sencillo monumento realizado en mármol y ubicado en una pequeña plaza de Pláka tiene una historia fascinante. Fue construido en el 334 a.C. y es el único monuménto coréguico que se conserva en la ciudad. Éstos se erigían como homenaje a los ganadores de un festival anual de música y teatro que se celebraba en el cercano Teatro de Dionisio (➤ 68). Lisicrates fue el corega (*choregoi*) o mecenas del coro ganador en el concurso del año anterior, como se puede leer en una inscripción. El monumento originalmente incluía el trípode con el que se agasajaba a los vencedores. En tiempos había muchos monumentos similares en la zona, de ahí el nombre de la calle, Tripodou. Mucho más tarde el edificio columnado fue transformado en biblioteca por unos monjes y fue aquí, en 1810, donde Lord Byron (➤ 14) escribió parte de su poema épico, *El Peregrinaje de Childe Harold.*

Iglesias bizantinas de Atenas

Comenzando en la plaza Mitrópolis, suba por la calle a la izquierda de la catedral.

A su derecha verá la capilla de Ágia Dynamis del siglo XVI.

Cuando llegue a la plaza Syntagma tuerza a la derecha por Filellinon. Desde aquí se contempla la torre de la Iglesia de San Nikodimos (➤ 33).

Para visitar esta iglesia bizantina cruce la calle. Más adelante se halla la Iglesia de San Pablo (➤ 33).

Regrese a la calle Filellinon y busque las indicaciones para el Museo de Arte Folklórico Griego que le llevarán hacia Kydathinaíon.

A su derecha verá la iglesia bizantina del siglo XII dedicada a la Transfiguración de Jesucristo.

Bajando por Kydathinaíon se llega a una pequeña plaza con cafés. Cruce la plaza hacia el extremo derecho y baje la callecita .

Llegará a la Iglesia de Santa Caterina (➤ 32) del siglo XI.

Pasada la iglesia, tome a la derecha por Adrianou, después a la izquierda hasta el cruce (en T). Tuerza a la derecha.

Entra ya en el barrio Anafiótika (➤ 35), bajo la Acrópolis.

Siga la estrecha calle y las indicaciones para la Acrópolis, pase por la Iglesia de San Jorge de las Rocas y por la Iglesia de Ágios Simeon, de 1774.

Llegará al edificio de la primera universidad del estado independiente griego, hoy un pequeño museo.

Después de la universidad, tome a la derecha por Klepsithras hasta el Ágora Romano. Bordee el Ágora, baje a la derecha por Eolou y otra vez a la derecha por la peatonal Ermou.

Enfrente está Kapnikaréa (➤ 40), otra iglesia bizantina.

Tras Kapnikaréa tome la primera a la derecha para retornar a Mitrópolis.

Recorrido
2,5 km

Duración
1 hora sin paradas,
2–3 con visitas

Punto de salida/llegada
Mitrópolis
28C2
Monastiráki

Merienda
Kapnikarea Café (E)
Christofolou 2
322-7394

La evocadora 'Pequeña Mitrópolis', del siglo XII, está dedicada a Ayios Eleftherios.

56B2
Muchos (E-C)
Monastiráki

Arriba: *vistosas alfombras en la zona de Monastiráki; el metro es el medio más barato y rápido de moverse por la ciudad.*

MONASTIRÁKI ✪✪✪

Esta pequeña y animada plaza lleva el nombre de un antiguo monasterio que se alzaba aquí, aunque hoy es difícil imaginar un lugar menos monástico que éste. Además de oficinistas con maletines que vienen de barrios periféricos, amas de casa que van al mercado y mochileros de camino hacia el puerto de Pireo, hay un montón de cafés, puestos de mercado y bullicio.

Hacia el oeste se encuentra el barrio de Monastiráki propiamente dicho, donde las tiendas de recuerdos de Pláka dejan lugar al mercadillo. Es una zona muy frecuentada siempre, pero los domingos, cuando los puestos llegan hasta Ermou, pasado el Cementerio Keramikos, está abarrotada. En los puestos se vende una variedad increíble de artículos, desde ropa y calzado barato a sofisticadas cámaras, cigüeñas disecadas, *souvlaki*, iconos religiosos o vídeos pornográficos. Esté atento a los carteristas y cuente con bastante tiempo ya que las calles están abarrotadas.

Al sureste de la plaza comienza Pláka y al noroeste el nuevo barrio de moda, Psirri, donde elegantes bares y restaurantes comienzan a aparecer al lado de los viejos talleres.

28C3
Paparigopoulou 7
324-6164
L, X, V-D 9-1.30. Cerrado martes, jueves y festivos
Panepistimou
1, 2, 4, 5, 11, 12
Ninguno
Moderado

MOUSEÍO ATHINÓN (MUSEO DE LA CIUDAD DE ATENAS) ✪

A pesar de haber sido el palacio del rey Otón entre 1836 y 1842, es fácil ignorar este pequeño edificio blanco ubicado en el lado sur de Plateía Klafthmonos. Los apartamentos reales, que han sido reamueblados, resultan sorprendentemente modestos. En las paredes se pueden ver grabados y pinturas de Atenas a través de su historia y también obras de artistas como Edward Lear y J.M.W. Turner. También se puede ver la copia del rey de la Constitución de 1843 y otras exposiciones temporales.

MOUSEÍO BENÁKI (MUSEO BENAKI) ✪✪✪

Esta mansión neoclásica construida en 1867 (ampliada en 1911 y 1930) alberga una sorprendente colección de objetos griegos y egipcios. Tanto la colección como la casa donde está expuesta pertenecieron a Antoine Emmanuel Benaki (1873-1954), un comerciante de algodón de origen greco-alejandrino. Durante un periodo de más de 35 años reunió una espléndida selección de artefactos que finalmente legó al estado griego para ser expuestos al público.

La mansión fue transformada en los años noventa con el objeto de crear el marco adecuado para la colección, la cual consta de 30.000 piezas que ilustran la vida cotidiana de Grecia desde la antigüedad hasta el siglo XX. La colección incluye pintura (una de El Greco), joyas de Micenas, cerámica, iconos, tejidos y otras formas de arte floklórico, como ajuares nupciales, trajes tradicionales y objetos decorativos. El escritorio de Lord Byron es uno de los muchos objetos de la sección dedicada a la Guerra de Independencia. La colección de Egipto, donde Benaki amasó su fortuna, es igualmente fascinante. Las joyas y tejidos coptos tempranos nos dan una idea del extraordinario talento artístico de esta, todavía hoy, vibrante comunidad. Una de las grandes atracciones del museo es una sala de recepciones de un palacio egipcio del siglo XVII. Cabe destacar también un hermoso y delicado retrato de un hombre pintado sobre lino del siglo III d.C.

29D2
Vasilissis Sofias/Koumbari 1
367-1000
L, X, V, S 9-5, J 9-medianoche, D 9-3
Café (M)
Syntagma
023, 234

Además de sus obras de arte, el Museo Benaki tiene una biblioteca (más de 80.000 volúmenes) abierta a investigadores.

¿Sabía usted que ...?

La rembetika *es una especie de blues griego, un estilo de música que aparece a principios del siglo XX y que ha evolucionado a partir de 1923 por la influencia de más de un millón de griegos asiáticos que llegaron al país tras el intercambio de población con Turquía.*

MOUSEÍO ELLINIKÍS LAOGRAFIAS (MUSEO DE ARTE FOLKLÓRICO GRIEGO) (► 22)

MOUSEÍO ELLINIKÍS PAITHIKIS TÉCHNIS (MUSEO DE ARTE INFANTIL GRIEGO) ✪✪

- 57D1
- Kodrou 9
- 331-2621
- M-S 10-2, D 11-2. Cerrado festivos
- Syntagma
- 024, 230
- Ninguno
- Barato; niños y estudiantes gratis

Este encantador nuevo museo nace de un estupendo proyecto, dedicado a exponer y potenciar el trabajo artístico de los niños griegos, aunque los niños extranjeros también son bienvenidos. El museo comenzó como una colección privada que se exponía en el Museo Milies, en la península de Pilion, pero ha sido ampliado y trasladado a Atenas recientemente. Cuenta con bonitas exposiciones de pintura, pequeñas esculturas y muñecos que muestran la originalidad y viveza de la imaginación de los más pequeños. Las pinturas más sobresalientes están inspiradas por el concurso anual que se celebra en base a temas como Grecia y el Mar, Madre e Hijo, el diseño de un sello postal o contar un cuento popular. Las obras ganadoras se ponen a la venta. Si no puede costearse un original, muchos de ellos aparecen reproducidos en postales y objetos de papelería que se venden en la tienda del museo.

La galería se encuentra en la planta superior, mientras que en la planta baja hay luminosos talleres, con materiales de pintura y dibujo, donde regularmente se desarrollan actividades. Si no habla griego y desea que su hijo participe en estos talleres, llame con antelación para solicitar un traductor. De momento sólo disponen de traductores de inglés, aunque el museo expande continuamente sus actividades. Y, por cierto, lo hacen fenomenal.

MOUSEÍO ELLINIKÓN MOUSIKON ORGÁNON (MUSEO DE LOS INSTRUMENTOS MUSICALES GRIEGOS) (► 23)

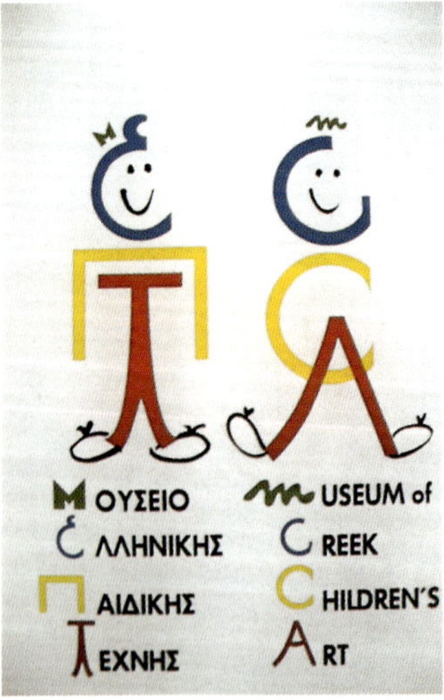

Observe este cartel del Museo de Arte Infantil Griego y descubra al futuro El Greco.

MOUSEÍO KANELLÓPOULOS (MUSEO KANELLOPOULOS) ✪✪

Esta mansión neoclásica de Pláka, que se encuentra fácilmente cuando subimos a pie hacia la Acrópolis, merece una detenida visita. La casa fue construida en 1884 y ha sido transformada recientemente para albergar la colección privada que reunieron durante muchos años Paul y Alexandra Kanellopoulos y que hoy pertenece al estado griego. La colección está muy bien expuesta en diferentes plantas, con información general disponible en griego e inglés, aunque se agradecerían más datos específicos sobre determinados objetos.

Como sucede con muchas colecciones privadas es un tanto ecléctica, abarcando ésta desde lo sacro a lo profano. Este último está representado por tallas eróticas de sátiros procaces persiguiendo, y a veces dando alcance, a ninfas realizadas en los típicos jarrones rojos y negros que se hacían en Atenas en el siglo VII a.C. Lo sagrado está representado por numerosos iconos que se exponen en la planta baja. También cuenta con joyas de Micenas y artesanía minoica, fenicia, egipcia, italiana y de otros lugares. La colección abarca desde el siglo III a.C. hasta el siglo XIX. Fíjese en el gran bloque de piedra de la planta baja que procede de la Acrópolis. También hay elaboradas joyas persas de oro y de cristal. Sus estatuas son también notables, como un bello busto de Alejandro Magno.

- 56B1
- Panos/Theorias
- 321-2313
- M-D, 8:30–3. Cerrado festivos
- Monastiráki
- Ninguno
- Moderado

La mansión neoclásica que alberga el Museo Kanellopoulos (abajo), y algunos de sus exquisitos jarrones (recuadro).

56B1
Kallisperi 12
993-7358
L, J-S 9-4, X 9-9, D 10-4.
Cerrado festivos
Café/restaurante (M)
Acrópolis, cuando está en funcionamiento
230
Excelentes
Caro

MOUSEÍO KOSMÍMATOS ILÍA LALAOÚNIS (MUSEO DE JOYERÍA DE ILIAS LALAOUNIS)

Ilias Lalaounis es uno de los joyeros y orfebres más famosos de la Atenas moderna. Una visita a este museo, diseñado en su antiguo taller, nos hará comprender los motivos. Este versátil artista se inspiraba en fuentes muy diversas: el arte micénico, minoico, bizantino, vikingo, persa y celta, en la ciencia y otras. Se exponen permanentemente más de 3.000 piezas, muy bien iluminadas y con información en griego, inglés y francés. En un pequeño auditorio se proyectan seis cortos sobre sus técnicas y su colección particular (en las tres lenguas). Es muy atractiva una serie basada en dibujos que le mandaban niños: abejas y arañas gigantes, hormigas y langostas enormes, naves espaciales, colisiones de estrellas, serpientes y signos de zodíaco. Tiene una bonita terraza en la azotea con vistas a la Acrópolis, café restaurante y una tienda bien surtida.

MOUSEÍO KYKLADIKIS KAI ARCHAÍS ELLENIKIS TÉCHNIS (MUSEO GOULANDRIS DE ARTE DE LAS CÍCLADAS)

(➤ 24)

56B2
Pelopidha/Eolou
324-5220
M-D 8.30-2.45.
Cerrado festivos
Monastiráki

La original Torre de los Vientos.

NAÓS AIÓLOU (TORRE DE LOS VIENTOS)

Se trata de la mayor atracción del Ágora Romana (➤ 67). Aunque es visible desde el exterior del recinto, merece una mirada más detenida. El curioso edificio octogonal data del año 40 a.C. aproximadamente y todavía conserva curiosos elementos como un reloj de agua movido por un canal que desciende de la Acrópolis, la veleta, brújula y reloj de arena; además de un friso que representa a los ocho dioses de los vientos. Uno de ellos, Eolou (Eolo) da nombre a la calle.

ODION (THÉATRO) IRÓDOU ATTIKOU (ODEÓN DE HERODES ATTICUS) ✪✪

Este espléndido teatro, ubicado en la ladera meridional de la Acrópolis, fue construido entre 161-174 d.C. por Tiberius Claudius Atticus Herodes, un acaudalado comerciante procedente de Maratón, en memoria a su esposa Rigilla. Además de Cónsul Romano, Atticus Herodes fue un gran mecenas de las artes y construyó muchos edificios públicos en Atenas. El teatro (con un aforo de 5.000 personas) se puede contemplar desde la Acrópolis, el Odeón sólo está abierto durante el Festival de Atenas, ofreciendo un marco inigualable para la música y el teatro. Cuando fue construido tenía tejado de madera, gradas de mármol y suelo de mosaicos. Fue restaurado tras la 2ª Guerra Mundial y ha sido utililizado en el Festival de Atenas desde 1955. Hoy se le conoce como el Herodeion.

- 56B1
- Dionysiou Areopagitou
- Abierto para el Festival de Atenas y otros conciertos ocasionales
- 230
- Ninguno

OLYMPÍEION (TEMPLO DE ZEUS OLÍMPICO) ✪✪

Conocido como Stíles Olympíou Díos, en su tiempo fue el templo más grande de Grecia, es decir, desde el 130 d.C. cuando el emperador Adriano finalizó la obra. El emperador dedicó el templo a Zeus Olímpico durante el festival Panhelénico del año 132 d.C. Su construcción comenzó en el siglo VI a.C. aunque fracasaron varios intentos para acabarlo. El tempo empequeñecía al Partenón y al Templo de Apolo en Delfos. Las columnas que se conservan nos dan una idea de la escala: inicialmente había 104, cada una de 17 metros de altura. Una se derrumbó espectacularmente en 1852 y permanece dónde cayó. Son impresionantes al amanecer y cuando están iluminadas.

- 57D1
- Leoforos Olgas 1
- 922-6330
- M-D 8.30-3. Cerrado festivos
- Syntagma
- 024, 230
- Ninguno
- Moderado

El Templo de Zeus Olímpico ha inspirado a pintores como Turner y escritores como Chateaubriand.

El Arco de Adriano, puerta de la antigua Atenas, se eleva18 metros de altura.

57C1
Leoforos Amalias
024, 230

PÍLI (PÝLI) ADRIANOÚ (ARCO DE ADRIANO) ✪✪

Al igual que la Acrópolis y el Templo de Zeus Olímpico, el Arco de Adriano es uno de los primeros monumentos antiguos que contempla el visitante al llegar a la ciudad desde el aeropuerto. Nos dice que entramos en una ciudad muy antigua, como se puede leer en la inscripción de un lado 'Ésta es Atenas, la antigua ciudad de Teseo', y en el otro lado, 'Ésta es la ciudad de Adriano y no la de Teseo'. Hacia el lado de la Acrópolis se extendía la vieja ciudad, mientras que al otro lado se hallaba la ciudad moderna romana. El arco de mármol fue construido en el siglo II d.C., cuando se acabó el Templo de Zeus Olímpico.

PINAKOTHÍKI TOU DÍMOU ATHINAÏKOÚ (GALERÍA MUNICIPAL DE ARTE) ✪

Bajando por la calle principal de El Pireo, desde la plaza Omonia, a su izquierda encontrará este infravalorado museo de arte griego moderno, que vale la pena conocer si la Galeria Nacional está cerrada. El edificio data de 1872, cuando era el hospital de la inclusa, y fue transformado en el presente museo en el año 1923. Abarca una gran variedad de obras y temas de los siglos XIX y XX, como evocativos paisajes urbanos, paisajes campestres que muestran la transformación del país a lo largo de los años. Hay retratos de orgullosos campesinos y ejemplos de la tradición artística más primitiva. La colección de grabados incluye obra de los grandes maestros de este arte, de sus seguidores y de artistas jóvenes.

- 20D3
- Piraeos 51
- 324-3022
- L V 9-1, 5-8.30, S-D 9-1. Cerrado festivos
- Omonia
- Gratis

¿Sabía usted que ...?

El origen del nombre del barrio de Pláka *no se conoce con certeza.* Pláka *en giego significa losa o pizarra. Una teoría propone que el nombre deriva de una gran losa de piedra que se encontró cerca de la iglesia de Ágios Yiorgios, cerca del Teatro de Dionisio.*

PLÁKA **(➤ 25)**

Por el barrio de Pláka

Recorrido
1,5 km

Duración
30 minutos sin paradas, 2–3 con paradas y compras

Punto de salida
Plateía Syntagmatos
57D2
Syntagma

Punto de llegada
Plaza Monastiráki
56B2
Monastiráki

Almuerzo
Five Brothers (E)
Eolou 3
325-0088

Desde la plaza Syntagma baje por la acera derecha de Filellinon hasta que vea una indicación para el Museo de Arte Folklórico Griego, donde torcerá a la derecha.

Kydathinaíon es una de las principales calle de Pláka, con Adrianou y Pandrossou. A su izquierda está el Museo de Arte Folklórico Griego (► 22), y más adelante, a su derecha, el Museo Helénico para Niños (► 36).

Continúe bajando por Kydathinaíon un poco más y busque a su derecha la calle Geronta.

Al final de Geronta está el Centro de Artes Populares y Tradiciones (► 42), si desea visitarlo.

Continuando por Kydathinaíon se llega al cruce con Adrianou, pero siga recto hasta Thespidou.

Vendedores de rosquillas en las calles de Atenas.

A su derecha verá el estudio de George Savakis, un artista del Pláka que ha pintado muchos murales en las tabernas con escenas de la vida del barrio.

Vuelva a Adrianou y tuerza a la izquierda para bajar por la zona comercial. Después de unos 300 metros, pasando un pequeño cruce, suba a la izquierda por una empinada callejuela llamada Mnissikleous y tome la primera a la derecha,Diogenes.

Caminando por Diogenes pasará por la conocida taberna Platanos, a la izquierda, y después por el Museo de Instrumentos Musicales Griegos (► 23), a la derecha.

Diogenes lleva al Ágora Romana (► 67). Tome a la derecha, bordee el recinto y otra vez a la derecha por Eolou. Pase Adrianou, a su derecha, y siga a la izquierda por Pandrossou.

Pandrossou es otra calle comercial de Pláka'. Si va a la derecha llegará a Mitropóleos, si toma a la izquierda volverá al punto de salida, a la plaza Monastiráki.

PLATEÍA KLAFTHMONOS (PLAZA KLAFTHMONOS)

El nombre de esta plaza cercana al Estadio significa literalmente Plaza de los Lamentos. Tradicionalmente, los empleados públicos de los ministerios de la zona vienen aquí a quejarse tras ser despedidos. En la parte de abajo de la plaza se alza la iglesia bizantina de Ágioi Theodoroi (San Teodoro), construida en el siglo XI es una de las iglesias más antiguas de la ciudad. Aquí está también el Museo Nacional de Historia (► 39).

28C3
desde Stadiou
Panepistimiou

PLATEÍA OMONOÍAS (PLAZA OMONIA)

En algunos kioscos, entre las postales de Atenas se puede encontrar en ocasiones una postal de la pintoresca plaza Omonia, con una fuente y plantas en el centro y algunos coches pasando. Se trata de una fotografía tomada hace bastante tiempo. Durante años, la plaza ha estado rodeada de vallas de las obras de construcción. Si pasa por allí a cualquier hora del día nunca encontrará tan sólo unos coches, es uno de los puntos más conflictivos para el tráfico. Para la mayoría de los visitantes, Omonia supone una pesadilla llena de humo y ruido (irónicamente su nombre significa Plaza de la Armonía). Es un estridente recordatorio de la Atenas que existe detrás de las postales, con su estación de metro, sus tugurios de comida rapida, hoteles dudosos y personajes más dudosos aún, y un montón de emigrantes de Albania y de la Europa del este que piden por las calles o venden cigarrillos. Puede no ser el lugar más hermoso de Atenas, pero sigue siendo una cara prominente e inevitable de esta ciudad balcánica.

28C4
Omonia

Los vendedores de lotería, como éste de la plaza Omonia, son excombatientes que mejoran así sus ingresos.

Gastronomía

Es fácil comer mal en Atenas –algunos lugares del barrio de Pláka me vienen a la memoria– pero es igualmente sencillo hacer que cada comida sea memorable. Algunos locales de aspecto dudoso sorprenden por su animado ambiente y su cocina casera a buen precio. Hay cientos de locales con buena cocina a precios medios y un número creciente de restaurantes cuyos chefs intentan fundir la cocina tradicional griega con las últimas tendencias.

Arriba: *pequeños pinchos de carne, muy populares en las calles de Atenas.* Recuadro: *pruebe varias marcas de ouzo en las ouzeries de la ciudad.*

¿Cuándo comer?

Al igual que los españoles, los griegos suelen comer y cenar bastante tarde, y nunca ligero. Los restaurantes abren desde la una del mediodía para servir comidas y desde las siete de la tarde para las cenas, aunque este horario está orientado al turismo del norte, los atenienses llegan más tarde. Muchas de las especialidades del día se preparan por la mañana o al mediodía y un plato como la *moussaka* puede que se lo sirvan tibio o recalentado, pero ¿que se puede hacer? Si le gusta la comida bien caliente y recién hecha pida algo que tengan que preparar al momento.

Para empezar

Además de las conocidas *taramasalata* y *tzatziki*, hay muchos otros entrantes apetitosos. Una salsa hecha con berenjenas, *melitzanasalata*, es deliciosa, mientras que un plato de queso *feta* es delicioso. También es excelente frito, llamado *saganaki*. Los pimientos rojos y dulces de Florina se marinan, se asan y se sirven fríos y ¡tienen tan buen sabor como aspecto!

Para beber

El aperitivo griego por excelencia es el *ouzo*, un licor anisado transparente que toma un color blanco lechoso al mezclarse

con agua. El *ouzo* se sirve siempre con un vaso de agua y a veces con algo para picar. Los griegos suelen tomarlo solo, bebiendo un trago de licor y después otro de agua en lugar de mezclarlo antes.

A los atenienses les encanta picar frutos secos y aceitunas.

Los griegos no son grandes bebedores de vino, aunque son famosos por su peculiar blanco resinado, el *retsina*. Cuando salen a comer beben cerveza y refrescos, ésta es una de las razones por las que los vinos griegos carecen de renombre. Sin embargo, gracias a la demanda del turismo y la mayor sofisticación de los paladares nacionales, los viticultores griegos han mejorado los caldos y producen algunos vinos ganadores de premios. Busque nombres como *Boutari*, *Tsantalis*, *Kourtakis* y *Domaine Carras* que son los principales productores.

Después de la comida se suele beber un brandy griego, normalmente en un bar o en un café pastelería. La marca *Metaxa* es tan popular que se ha convertido en sinónimo de 'brandy'. Si le gusta suave elija el más caro, el *Metaxa* siete estrellas. Menos estrellas implican un licor más fuerte.

La saludable y siempre presente ensalada griega se conoce en el país como ensalada campesina o de la huerta.

29D2
Syntagma

Arriba: *La plaza Syntagma recupera poco a poco su apariencia anterior.*
Abajo: *el famoso y restaurado Hotel Grande Bretagne.*

PLATEÍA SYNTAGMATOS (PLAZA SYNTAGMA) ✪✪✪

La plaza más importante Atenas, la Plaza de la Constitución, es un lugar de paso obligado. Los autobuses del aeropuerto dejan y recogen aquí a los turistas; hay una oficina de información, aquí está la central de Correos, kioscos que venden prensa extranjera, bancos y agencias de cambio. Los pequeños jardines de la plaza son el lugar de cita ideal para los oficinistas que salen a almorzar. A un lado se encuentra el distinguido **Hotel Grande Bretagne,** casi una atracción turística por derecho propio. En él se alojaron huéspedes tan famosos como Richard Strauss, Elizabeth Taylor y Sir Winston Churchill, entre otros. Churchill seguro que no olvidó nunca su visita durante la Segunda Guerra Mundial, ya que aquí atentaron contra su vida. El hotel fue construido en 1862 como anexo a lo que entonces era el palacio real de verano, hoy sede del Parlamento, o **Vouli,** en la parte de arriba de la plaza. En frente se encuentra la **Tumba al Soldado Desconocido,** custodiada por soldados llamados *Evzones,* cuyo Cambio de Guardia es una gran atracción entre los turistas. Se trata de un ritual preciso e impresionante, con los soldados vestidos de gala tradicional. La estación de metro Syntagma, la más transitada de la red, ofrece a los visitantes una mirada a lo que subyace debajo de las calles de la ciudad moderna. Aquí se exponen los hallazgos arqueológicos descubiertos durante las excavaciones del metro y un diorama de cómo era la plaza en el pasado.

PNÝX ✪✪

- 28B2
- Cafés (M)
- 230
- Ninguno

Este verde y sinuoso refugio, que se encuentra al otro lado de la carretera de la Acrópolis, no es muy conocido entre los turistas que no se animan a visitar esta fascinante parte de la ciudad. La mayoría de los visitantes son transportados en autocares hasta la Acrópolis y no disponen del tiempo o del interés para dirigirse en la dirección contraria. El Pnyx era, en los días dorados de la Atenas de Pericles, el lugar donde se reunía la Asamblea. El impresionante anfiteatro tenía un aforo para 18.000 personas (hoy utilizado para espectáculos de luz y sonido) donde se congregaban multitudes para escuchar a los grandes oradores de su tiempo.

A la izquierda del sendero principal, subiendo desde la entrada, un camino lleva hasta la llamada '**Prisión de Sócrates**' que en realidad no es más que dos agujeros en la pared y no existe evidencia histórica que sugiera que Sócrates estuvo detenido aquí, acusado de corromper a los jóvenes atenienses con sus enseñanzas. Fue condenado a beber la cicuta y murió en la prisión estatal del Ágora.

A la derecha de la entrada hay un pabellón turístico entre árboles. Enfrente se halla la encantadora **iglesia de Ágios Demetrius Loumbardiaris,** construida en 1460 y reconstruida en 1955. Detrás de la iglesia y del Pabellón Turístico se encuentra la Pnyx, aunque el acceso está restringido debido a los espectáculos de luz y sonido. Más arriba está la **Colina de las Ninfas**, también vallada porque alberga un observatorio.

¿Sabía usted que ...?

El 26 de octubre de 1656, fiesta de San Demetrio, el jefe turco de la guarnición de la Acrópolis planeó disparar sus cañones contra la congregación reunida en la iglesia de Pnyx. En el momento crucial cayó un rayo que hizo estallar los explosivos –y al turco–. La iglesia recibió entonces el nombre del cañón más grande de los invasores, el Bombardero (o Loumbardiaris *en griego).*

La Pnyx preparada para el espectáculo de luz y sonido que narra la historia de Grecia y la Acrópolis.

- 29E2
- Leoforos Vasilissis Sofias 22/Rizari 2
- 729-0543
- M-D 9-2. Cerrado festivos
- Café (E)
- Evangelismos
- 234
- Ninguno
- Gratis

El Museo de la Guerra fue inaugurado en 1975, poco después de las últimas contiendas contra la dictadura de los Coroneles.

POLEMIKÓ MOUSEÍO (MUSEO DE LA GUERRA)

No se deje desanimar por el nombre ni por el armamento que se expone en el exterior de este museo, porque su interior contiene una fascinante colección que abarca muchos aspectos de la historia griega. Sirva como ejemplo de su variedad, las réplicas de algunos **frescos del Templo de Vassai** en el Peloponeso, considerado uno de los templos griegos más sobresalientes fuera de Atenas. Los frescos muestran conflictos militares y los amantes del arte apreciarán la posibilidad de contemplar de cerca estas fantásticas réplicas, de otra forma inaccesibles.

El museo abarca conflictos que se remontan a la mitología griega, las guerras de Troya y las historias de Homero. Cuenta también con maquetas de ciudades fortificadas, como Náfplio (► 84) y Mystras, y escenas de grandes batallas de la historia del país. Hay una sección dedicada a la Segunda Guerra Mundial en la que se ilustra la Batalla de Creta y el sufrimiento de la población de Atenas. También cuenta con una completa colección de armas y uniformes. En el exterior del museo se exponen vehículos militares. Los niños se lo pasarán muy bien subiendo a la cabina de mando de los *Spitfires* y *Tiger Moths*, y observando de cerca los carros antiaéreos y otras piezas de armamento de la Primera Guerra Mundial. Después de examinar el exterior, entre en el museo y comience la visita desde el último piso. De esta forma, su visita tendrá más sentido, aunque algunas plantas no están ordenadas de forma estrictamente cronológica. También puede tomarse un descanso en el café del sótano.

PROEDRIKÓ MÉGARO (PALACIO PRESIDENCIAL)

En la actualidad, la residencia del presidente del país fue el antiguo Palacio Real hasta la abolición de la monarquía en el referéndum de 1974, tras la caída del Régimen de los Coroneles. El palacio fue construido en 1878 y constituye otro hermoso ejemplo de los edificios atenienses diseñados por el arquitecto Ernst Ziller. Fue restaurado en 1935, cuando se convirtió en la sede del Parlamento. Aunque está cerrado al público, es interesante acercarse para verlo desde el exterior, contemplar la bella fachada, los guardias que lo custodian y, desde el muro, echar una mirada a los extensos jardines.

29D2
Irodou Attikou
Cerrado al público
Syntagma
3, 7, 8, 13

PRÓTOÍ NEKROTAFÍO ATHINÓN (PRIMER CEMENTERIO DE ATENAS)

El Primer Cementerio de Atenas lleva este nombre no por ser el más antiguo de la ciudad, sino por ser el cementerio más importante. Aquí tienen derecho a ser enterrados los ciudadanos ilustres, aunque hay espacio suficiente para tumbas normales también. Fíjese en una conmovedora escultura de un hombre viejo y su mujer, ella rodeándole tiernamente con sus brazos –símbolo de una larga vida en común–. Una de las tumbas más interesantes para el visitante es la del arqueólogo Heinrich Schliemann. Se encuentra en un pequeño túmulo detrás de la capilla. La tumba de Schliemann fue diseñada por su amigo, el arquitecto Ernst Ziller, autor del Palacio Presidencial, el Estadio Olímpico, la Casa de Schliemann y otros notables edificios de Atenas. También se encuentra la tumba de Theodoros Kolokotronis, héroe de la Guerra de Independencia y otros eminentes ciudadanos contemporáneos, como Melina Mercouri (➤ 14).

29D1
Anapafsios
Diariamente 7-7
4
Pocos
Gratis

Una de las evocativas estatuas que adornan el Primer Cementerio.

Atenas moderna

Recorrido
5 km

Duración
1 sin paradas,
2-3 horas con paradas

Punto de salida/llegada
Plateía Syntagmatos
29D2
Syntagma

Almuerzo
Palia Athina (E)
Nikis 46
324-5777

La plaza Syntagma es el corazón de la vida ateniense, de sus celebraciones, desfiles y conmemoraciones.

En la parte superior de la plaza Syntagma está el edificio del Parlamento. Tome aquí a la izquierda por Vasilissis Sofias.

A su izquierda está el Museo Benaki (► 51) y señales para el Museo Goulandris de Arte de las Cícladas. A la derecha están el Museo Bizantino (► 69) y el de la Guerra (► 64).

Frente a la entrada al Hotel Hilton, gire a la izquierda, suba por Gennadiou hasta la Biblioteca Gennadios (► 38).

Esta biblioteca resulta interesante para los bibliófilos y admiradores de Lord Byron (► 14).

Baje por Gennadiou, retroceda un poco hacia Syntagma para cruzar y camine por la diagonal Vasilissis Konstantinou.

Al final de esta calle está la Galería Nacional (► 37), cuya colección incluye arte griego moderno.

Continúe por Vasilissis Konstantinou, busque a la derecha la calle Vasilissis Giorgiou, que le llevará a Attikou con el Palacio Presidencial a su izquierda.

Desde el frente del palacio, vaya hacia la izquierda para ver la Guardia Real con sus uniformes tradicionales.

Continúe por esta calle para llegar al espléndido Estadio Olímpico (► 26), a su izquierda.

Bordee el estadio (o corra como hacen los atenienses).

Cruce la calle frente a la entrada y gire hacia la izquierda, bordeando los Jardines Nacionales.

A su derecha verá el Zappeion, destinado para congresos.

Camine hacia la izquierda del Zappeion, tuerza a la izquierda y después a la derecha y entre por una pequeña puerta para explorar los Jardines Nacionales (► 37). La calle principal, al final a la izquierda, es Amalias. Regrese a esta calle y tuerza a la derecha para volver a Syntagma.

ROMAÏKI AGORÁ (ÁGORA ROMANA) ✪

Se trata de uno de los pocos recintos arqueológicos de Atenas que casi no merece el precio de la entrada. Su principal atracción, la **Torre de los Vientos** (➤ 54), de cualquier forma se puede ver desde el exterior. Aparte de esto, las raíces y los gatos y perros callejeros que han tomado el lugar dificultan la visión de las ruinas, que se encuentran casi todas a nivel de suelo. La pequeña **Mezquita Fethiye,** construida en 1458 y dedicada al Sultán Mehmet II, está rodeada de bonitos naranjos y se utiliza como almacén. Frente a la entrada al recinto se encuentra una Madrassa, una escuela islámica que fue destruida por los griegos que se rebelaron contra los turcos en la Guera de Independencia. Fue también prisión y el árbol del patio fue utilizado para ahorcar a los condenados.

- 56B2
- Pelopidha/Eolou
- 324-5220
- M-D 8.30-2.45. Cerrado festivos
- Monastiráki
- Ninguno
- Moderado

Hermosos paneles decorativos se ven tras los arcos de la Casa de Schliemann.

LA CASA DE SCHLIEMANN ✪

Casi enfrente a la *zaharoplasteion* (pastelería) de Zonar, en una calle conocida vulgarmente como Panepistimiou y cuyo nombre oficial es Venizelou, se alza la mansión donde el descubridor de Troya, Micenas y mucho más residió en tiempos. Diseñada y construida para Heinrich Schliemann por Ernst Ziller, esta gradiosa mansión alberga el **Museo Numismático,** cuya colección cuenta con más de seiscientas mil monedas de los tiempos helénicos, romanos, bizantinos, medievales y modernos, además de medallas, sellos de lacre y otros tesoros. Las pantallas digitales y una sala multimedia sitúan al museo en el siglo XXI.

- 29D3
- Panepistimiou 10-12
- 364-3774
- M-D 8.30-3
- Panepistimiou
- 23, 25, 230
- Moderado

STÁDIO (ESTADIO OLÍMPICO)
(➤ 26)

¿Sabía usted que ...?

En los Juegos Panatenaicos, los ganadores recibían ánforas conmemorativas que contenían unos 40 litros de aceite de oliva. En el siglo VI a.C., el estadista Solón decretó leyes para proteger la industria del aceite de oliva. Hoy Grecia cuenta con 130 millones de olivos cultivados.

57C1
Entrada por la ladera meridional de la Acrópolis, en Leoforos Dionysiou Areopagitou
322-4625
Diariamente 8.30-2.30. Cerrado festivos
Acrópolis, cuando funciona
230
Ninguno
Moderado

Abajo: *no se conserva mucho del Teatro de Dionisos, pero las columnas del escenario están bellamente talladas.*

THÉATRO DIONÝSOU (TEATRO DE DIONISIO) ✪✪

Ubicado debajo de la Acrópolis, este teatro ofrecía aforo para 17.000 personas, dispuestas en 67 gradas y en él se celebraba el concurso anual de teatro. Los atenienses fueron aquí testigos del nacimiento del teatro europeo, en el primer teatro construido en piedra, donde se estrenaron obras de Aristófanes, Sófocles y otros grandes dramaturgos. Inicialmente el teatro se construyó como una estructura de madera que fue sustituida por piedra entre el 342-326 a.C. y que finalmente fue sustituido por el teatro romano al que pertenecen las ruinas. Cuenta con algunas divertidas estatuas de Dionisio que soportaban el escenario y barreras de mármol para la lucha de animales salvajes; en la misma arena que luchaban los gladiadores. En las primeras filas están los tronos de mármol para dignatarios extranjeros. Detrás del teatro, en una gran roca, se encontraba una cueva consagrada a la diosa Artemisa, donde más tarde se construyó una capilla bizantina.

28A1
Colina Philopáppou
324-4395
19 May-Sep, a las 10.15 de la noche, sesiones extra X, D 8.15
M
230
Ninguno
Caro

THÉATRO FILOPÁPPOU ✪✪

En una ladera de la Colina Filopappou se encuentra este teatro también conocido como Teatro y Danza Dora Stratou. Dora Stratou fue una famosa bailarina griega, que trabajó para conservar danzas, música y trajes tradicionales griegos y que, más tarde, fundó su propia escuela y compañía de danza. La compañía presenta diariamente en verano vistosos espectáculos. Para llegar al teatro, tome la entrada a la Pnyx, que está enfrente de la entrada a la Acrópolis, en el Areopagitou, y siga las indicaciones que le llevarán al otro extremo de la colina.

VIVLIOTHÍKI ADRIANOÚ (BIBLIOTECA DE ADRIANO) ✪

Este conjunto de edificios, cercanos al Ágora, fue construido por el emperador Adriano poco después del año 132 d.C. para albergar su biblioteca. El edificio incorpora un patio amurallado alrededor del jardín central y un estanque. Aunque esta descripción nos parezca modesta y las ruinas sugieran lo mismo, se trataba de un gran edificio –el más grande de los que construyó Adriano en Atenas– y el patio contenía 100 columnas. Desafortunadamente ha sido cerrado al público mientras se realizan nuevas excavaciones. Cuando se vuelva a abrir, los visitantes podrán explorar la biblioteca, incluso las salas donde se conservan los manuscritos.

56B2
Eolou
Monastiráki

La colección del Museo Bizantino comprende frescos, objetos religiosos y bellos iconos como el de la fotografía.

VIZANTINÓ MOUSEÍO (MUSEO BIZANTINO) ✪✪

Se trata de otra colección para especialistas, ubicada en una deliciosa villa de 1840, con su patio central adornado de flores y naranjos. La villa fue residencia de la Duquesa de Plaisance, viuda francesa que había estado casada con un general de Napoleón. La duquesa se enamoró de Grecia y mandó construir esta villa florentina en lo que entores era las afueras de Atenas. La mayor parte de la colección la constituye una serie de iconos bizantinos, de rojos y dorados gloriosos y, aunque se trata de una extensa colección que abarca más de 1.500 años de arte bizantino, probablemente será el conocedor quien puede apreciarla mejor ya que la información es muy limitada y redactada en griego. También se exhiben biblias, estatuas, bordados y mosaicos. En un extremo del recinto, se halla la reconstrucción de una basílica bizantina temprana y una recreación completa de una iglesia bizantina.

29E2
Vasilissis Sofias 22
711-1027
M-D 8.30-3
Evangelismos
234
Ninguno
Moderado

Lo que hay que saber

Si su visita a Atenas es corta o quiere descubrir el verdadero sabor de la ciudad, le ofrecemos algunas sugerencias:

La calle invita a sentarse y ver la vida pasar.

10 Fórmulas para relacionarse

Baje el ritmo. Atenas es una ciudad ruidosa y frenética, pero los atenienses siempre encuentran la manera de relajarse.
Visite los mercados, bien para comprar o curiosear.
Duerma la siesta. Atenas madruga y se retira tarde, pero se recupera de 2-5 de la tarde. Imprescindible en verano.
Callejee por Pláka al anochecer.
Ajuste sus horarios de comidas, o se encontrará comiendo solo.
Cante o baile, preferiblemente si no hay otros turistas a la vista.
Disfrute del ambiente. Los griegos saben como disfrutar de la vida, saben comer y beber bien.
Vístase apropiadamente y cúbrase al visitar iglesias y monasterios.
No hable bien de Turquía, ni pida un café turco.
No se impaciente con los niños, los griegos son muy pacientes y permisivos con los críos.

10 Buenos restaurantes

Aerides (E) Si hace frío, coma en el piso superior con vistas a la Torre de los Vientos. Si hace buen tiempo, hay muchas mesas al aire libre.
✉ Markou Avriliou 3
☎ 322-6266
Barba Yannis (E) Menú limitado de buenos platos griegos. Buen ambiente, popular entre la juventud.
✉ Emmanuel Benaki 94
☎ 330-0185
Dionysos-Zonar's (C) Aquí se paga por las vistas, aunque también hay menús más económicos. Pero las vistas merecen el dispendio.
✉ Lykavittós
☎ 722-6374
Dionysos-Zonar's (M). Sucursal de esta popular cadena con excelentes vistas del Partenón.
✉ Rovertou Galli 43
☎ 922-1998
Five Brothers (E). Mesas al aire libre en una tranquila calle cerca del Ágora Romana.
✉ Eolou 3 ☎ 325-0088
GB Corner (C). Si no puede pagar la estancia en el Hotel Grande Bretagne, podrá disfrutar del ambiente comiendo en su restaurante.
✉ Hotel Grande Bretagne, Plaza Syntagma
☎ 333-0000
Mikrolimano (C). Hay numerosas tabernas de pescado en este pequeño puerto del Pireo. Pescado excelente pero caro. Escoja el lugar que se adapte mejor a sus gustos y presupuesto.
Palia Athina (M). Cerca de Pláka y uno de los favoritos del autor por su comida auténtica.
✉ Nikis 46 ☎ 331-2975
O Platanos (E) Hay pocos sitios mejores para comer al aire libre, debajo de un plátano.
✉ Diogenous 4
☎ 322-0666
Sigalas (E) Animada y vieja taberna del centro de Atenas. Auténtica.
✉ Monastiráki 2
☎ 321-3036

10 Actividades

Golf: hay un campo internacional en Glyfada, en la costa más allá de aeropuerto ☎ 894-6820.
Caballos: hay varios clubs en los alrededores de Atenas. Contacte el Club de Equitación Helénico, Paradisou 18 ☎ 682-6128.
Correr: contacte con el Hash House Harriers Jogging Club en Kifissia para salir con otros corredores ☎ 621-9821.
Maratón: si desea correr una maratón quizás le atraiga hacerlo por el recorrido original, desde Maratón hasta Atenas. Se celebra dos veces al año. Más información en SEGAS, Syngrou 137 ☎ 935-9302.
Navegación: hay muchos puertos deportivos, clubs de yates y vela en Pireo, Glyfada, Vouliagmeni y otros pueblos. Información en la Federación Helénica de Yates, Xenofondos Street ☎ 323-5560
Pesca: el Egeo ofrece multitud de oportunidades. Contacte con la Oficina del Puerto en Zea, Pireo, ☎ 451-1131, o el Club Marítimo de Pescadores en Akti Moutsopoulou, también en el Pireo ☎ 451-5731.
Natación: las mejores playas están en Glyfada, pero tienen demasiado ruido del aeropuerto, aunque a los atenienses no parece importarle. También puede utilizar la piscina de un hotel, como por ejemplo el Hilton.
Tenis: muy popular, con pistas por toda la ciudad. Pruebe en el Club de Tenis de Atenas, Vasilissis Olgas 2 ☎ 923-2872.
Caminar: la escasez de taxis y el abarrotado sistema de transportes, se recomienda andar. Suba la Colina Licabeto y se pondrá en forma.
Esquí acuático: para ofertas cerca de Atenas contacte con el club de Sturnara 32 ☎ 523-1875.

5 Museos especializados

- **Museo de Trajes Históricos Griegos,** ✉ Dimokritou 7 ☎ 362-9513
- **Museo de Filatelia,** ✉ Fokianou 2 ☎ 751-9066
- **Museo Cinematográfico,** ✉ Kriezotou 3 ☎ 362-6266
- **Museo Venizelos,** ✉ Vasilissis Sofias, detrás de la estatua de Venizelos ☎ 722-4238
- **Museo del Marisco,** ✉ Pindou 14 ☎ 941-2393

5 Platos para probar

- *Kalamaris* o *kalamarakia*: chipirones fritos
- *Saganaki*: queso feta frito
- *Spedzofai*: condimentado guiso de salchichas, pimientos y tomates
- *Vriam*: especie de pisto con vegetales frescos
- *Yemista*: tomates o pimientos rellenos

10 Formas de evitar la ensalada griega

Pruebe uno de los restaurantes internacionales de Atenas:

- Japonés: Michiko (➤ 94)
- Chino: Golden Flower (➤ 93)
- Polinesio: Kona Kai (➤ 94)
- Francés: Prunier (➤ 95)
- Italiano: Boschetto (➤ 92)
- Coreano: Far East (➤ 93)
- Armenio: Tria Asteria, Melitos 7 ☎ 935-8134
- Egipcio: Alexandria, Metsova 13 ☎ 821-0004
- Checo: Bohemia, Dhimou Tseliou ☎ 642-6341
- Paquistaní: Pak Indian, Menandrou 13 ☎ 321-9412

Atardecer y el lugar perfecto para disfrutar de la soledad y de la pesca en las tranquilas aguas del Egeo.

Excursiones

Si pasa tan sólo un fin de semana en Atenas preferirá limitarse a la ciudad, aunque es fácil tomar un autobús y pasar una romántica velada en Cabo Sounion (➤ 76); además El Pireo (➤ 86) y Kifissia (➤ 81) son accesibles en metro. Si dispone de varios días podrá escoger entre numerosas opciones, todas atractivas, bien sea a través de su hotel o agencia de viajes o, también, organizando uno mismo un pequeño viaje de un par de días.

Aquellos que nunca hayan visitado una isla griega deberían aprovechar esta oportunidad. La isla más cercana, Egina (➤ 75), está a tan solo a 40 minutos en el Flying Dolphin. Atenas está muy bien comunicada por autobús, con servicios baratos y regulares a lugares famosos como Micenas (➤ 83), Epidavros (➤ 80) y la incomparable Deltos (➤ 78).

‘Delfos, es para mí la más griega de todas las ciudades. Además de ser muy interesante, posee un encanto especial… ’

HENRY ADAMS
Carta a Elizabeth Cameron
(1898)

Bordeando el cabo: la vista de Sounion desde el mar muestra que este templo es espléndido desde cualquier ángulo.

EXCURSIONES
Amfíkleia
Parnassós
2457m
Ámfissa
Delfoí
Aráchova
Leivádia
Dístomo
Andhíkira
Ósios Loúkas
1748m
Elikónas Óros
Kástra
Aliártos
Thíva
Thísvi
Léfktra
Erythrés
Voreios Evvoïkós Kólpos
Psachná
Kymi
Évvoia
Chalkída
Amárynthos
Nótios Evvoïkós Kólpos
Skála Oropoú
Rámnoús
Ag Marina
1413m
Párnitha
Attikí
Marathónas
Korinthiakós Kólpos
Dervéni
Aigósthena
Mándra
Kifisiá
Néa Mákri
Rafína
Perachóra
1351m
Mégara
Elefsína
Dáfni
ATHÍNA
Kaisarianí
Loútsa
Kiáto
2376m
Kyllíni Óros
Kórinthos
Diórygа Korínthou
Salamína
Peiraías
Glyfáda
Vravróna
Pórto Ráfti
Markópoulo
Keratéa
Lávrion
Soúnio
Akra Soúnio
Neméa
Sofikó
Mykínes
1139m
Ónia Óros
Agkístri
Saronikós Kólpos
Aígina
Pelopónnisos
Epídavros
Árgos
Tíryntha
Lygoúrio
Méthana
Náfplio
Póros
Toló
Kallóni
Trípoli
Galatás
Akr Spáthi
Ag Geórgios
Argolikós Kólpos
Ermióni
Kólopos Ýdras
Ástros
Óros Párnon
Ýdra
Kósta
Spétses
0
20
40 km
A
B
C
1
2
3

AÍGINA (EGINA) ✪✪

Al estar tan cerca de Atenas, Egina es un refugio popular entre los atenienses para pasar el fin de semana, especialmente en verano. Además de su cercanía, también debe su popularidad al hecho de ser una isla verde, con buenas playas y un espléndido templo –el **Templo de Aphaia,** que fue construido alrededor del 490 a.C. y está considerado como uno de los templos dóricos mejor conservados de Grecia.

Resulta sencillo llegar hasta él. Hay autobuses regulares que parten de la ciudad de Egina, mientras que cualquier visita contratada a través de una agencia incluye esta visita. El templo es unos 60 años más antiguo que el Partenón y, al igual que éste, está ubicado en un paraje excepcional, sobre una colina cubierta de pinos. Si la visibilidad es buena y tiene prismáticos, podrá ver la Acrópolis (► 17) desde allí, así como el Templo de Poseidón en Cabo Sounion (► 76).

Muy cerca se halla el animado puerto turístico de **Agía Marina.** Si sólo desea visitar el templo, algunos barcos de Pireo paran allí. Agía Marina es un destino popular entre los circuitos de vacaciones organizadas, sin embargo la capital de la isla ofrece un sabor más auténtico, con algunos bellos edificios que datan del periodo en que fue la capital del país (1826-1828), después de la Guerra de Independencia. En Agía Marina hay algunas iglesias interesantes, la casa donde el novelista y poeta Nikos Kazantzakis (1883-1957) escribió *Zorba el Griego*, un pequeño museo y varias tabernas.

74B2
Cafés/restaurantes (E) en Agía Marina
El autobús de Aegina a Agía Marina para en el templo

Templo de Aphaia
0297-32398
Templo: L-V 8.30-7, S-D 8.30-3; museo, diariamente 8.30-1. Ambos cerrados en días festivos
Pocos: llame antes
Caro

Los yates del puerto de Aegina demuestran que Grecia todavía es una nación marítima.

¿Sabía usted que ...?

En la mitología griega los habitantes de Aegina eran los myrmidones. Los habitantes nativos de la isla fueron destruidos por una plaga enviada por Hera, esposa de Zeus, celosa por el amor de su esposo por Aegina, que dio su nombre a la isla.
Zeus repobló la isla tras las súplicas de Aeacus, abuelo de Aquiles, que, viendo un hormiguero, pidió un número similar de habitantes. Los nuevos pobladores de Aegina se llamaron myrmidones (en griego hormiga se dice myrmekes*).*

74C1
0292-39363
Diario 10-anochecer. Cerrado festivos
Restaurantes cerca (M)
Autobús a Sounion, sin número, terminal de Mavromateon
Ninguno

ÁKRA SOÚNIO (CABO SOUNION) ✪✪✪

La forma más espectacular de llegar a Cabo Sounion por primera vez es desde Atenas a través de la carretera de la costa: al pasar una curva, aparecen de repente, en la distancia, las magníficas ruinas blancas del Templo de Poseidón que se alzan orgullosas sobre el cabo, a 60 metros por encima del mar. En realidad, cuando nos acercamos descubrimos que el mármol es gris (fue transportado desde las minas de Agrileza a 5 km).

El cabo está muy bien comunicado con el centro de Atenas por autobús. La hora más popular para ir es al atardecer para contemplar la puesta de sol. Por supuesto no se garantiza una puesta de sol espectacular, aunque son frecuentes, y creo que no hay una vista más espléndida que la silueta del templo recortada contra un cielo encendido, sobre el Egeo. La gran isla que se ve al oeste es Egina (➤ 75), detrás de ella la costa oriental del Peloponeso. Hacia el este está Kea, la más cercana de las Islas Cícladas.

El templo fue construido en el 444 a.C sobre los cimientos de una construcción del 490. Al principio tenía 34 columnas de las que 15 se mantienen en pie. En una de ellas se pueden ver las iniciales del poeta inglés y amante de Grecia, Lord Byron (➤ 14), que visitó el lugar en 1810. Hoy el templo se encuentra acordonado para evitar la tentación de nuevos graffiti.

El Cabo Sounion, con su Templo de Poseidón, era conocido por Homero y sus contempóraneos como el 'cabo sagrado'.

Ática: Un paseo a través de la historia

Pase un estupendo día explorando el Ática.

Tome la avenida Syngrou hacia Pireo y siga la carretera de la costa hacia el sur, pasando por el antiguo aeropuerto, hasta el Cabo Sounion (► 76). Muy pronto el viaje se convierte en un delicioso paseo por la costa del Golfo Sarónico.

El Templo de Poseidón es inconfundible sobre el cabo, en el extremo sur de Attica. Hay varios hoteles para aquellos que prefieran pasar aquí la noche.

Continúe hacia el norte desde Soúnio, en la carretera principal a Markópoulo.

Markópoulo es un agradable lugar para descansar. Hay numerosos cafés y, dentro de un jardín amurallado, dos capillas interesantes: Ágia Paraskevi y Ágia Thekla.

En Markópoulo deje la carretera de Atenas y tome una pequeña carretera hacia Pórto Ráfti.

Pórto Ráfti es un bonito centro turístico con un pequeño puerto, un buen lugar para comer pescado fresco.

Desde Pórto Ráfti tome la carretera de la costa a Vravróna y busque las indicaciones para el recinto y museo de la antigua Vravróna (► 90). Desde Vavróna siga por la carretera de la costa hasta Rafína, otro animado puerto turístico. Salga de Rafína por la carretera de Atenas (54) para girar a la derecha hacia Néa Mákri y Marathonas (carretera 83).

El túmulo funerario de Marathónas (Maratón ► 83), donde 192 soldados atenienses están enterrados, se halla a la derecha, cerca de Néa Mákri. Fue aquí donde 10.000 atenienses derrotaron a 30.000 persas invasores.

Continúe hacia Maratón pero antes de llegar gire a la derecha hacia Ágia Marina y Rámnoús.

La remota Rámnoús (► 88) se encuentra al final de la carretera. Se trata tan sólo de unas ruinas pero con algo especial, un mundo ajeno al bullicio de la ciudad. .

Recorrido
160 km

Duración
4 horas con paradas largas

Punto de salida
✚ 74C2
Syngrou Avenue

Punto de llegada
✚ 74C3
Rámnoús

Almuerzo
Xanolia Taverna (E)
✚ Vravróna
✉ 0294-71020

Un pescador de Rafína intenta pescar su almuerzo: los visitantes pueden confiar en el excelente pescado de los restaurantes del puerto.

74C2
581-1558
Diariamente 8.30-3. Cerrado festivos
A16 desde Plateía Eleftherias, Monastiráki
Ninguno
Moderado

DÁFNÍ (DAFNE) ✪

Algunos de los más bellos mosaicos bizantinos de toda Grecia se pueden contemplar en este monasterio del siglo XI, cerca de la transitada autopista que une Atenas y Corinto. El glorioso mosaico dorado de *Cristo Pantocrátor* domina desde la cúpula de la iglesia, bajo él se encuentran los mosaicos de la *Anunciación, Natividad, Bautismo* y *Tranfiguración*. Los edificios, que ocupan el recinto del antiguo Templo de Apolo, están igualmente bien conservados. Uno de los símbolos de Apolo era el laurel *–daphni*, en griego–.

74A3
Recinto y museo: 0265-82312
Recinto, diario 7.30-6.45; museo, diario 7.30-6.45, Lunes 11-6
En Delfos
Diariamente, desde Liossion, terminal 260
Ninguno
Caro; domingos gratis

DELFOÍ (DELFOS) ✪✪✪

En la antigüedad los griegos creían que Delfos era el centro del mundo. Cualquiera que visite el lugar hoy en día comprenderá las razones. Sin duda, se respira un ambiente especial y su ubicación impresiona, entre altos acantilados y un valle de olivos que se extiende a nuestros pies.

El **Oráculo de Delfos** fue un centro de peregrinación desde el siglo XII a.C hasta el IV d.C. Los peregrinos venían aquí para pedir consejo sobre todo tipo de asuntos. El más famoso de todos los oráculos fue el de Sibila, cuya roca todavía se puede ver hoy al lado de la Vía Sagrada, que sube serpenteante desde la entrada hasta las ruinas del Templo de Apolo.

Las ruinas del templo datan del siglo IV a.C, al igual que las del teatro (5.000 asientos) adyacente. Desde la última fila del teatro se contemplan hermosas vistas del valle. Más arriba está el estadio y un magnífico museo.

La Vía Sagrada, en Delfos, pasa por el Tesoro, construido para celebrar la victoria de Maratón.

Delfoí: Viaje al centro del mundo

Los griegos de la antigüedad creían que Delfos era el centro del mundo. Al acercarnos a la ciudad, atravesando las Montañas del Parnaso, comprendemos los motivos.

En el centro de Atenas busce los indicadores para Lamia, Thessaloniki y la autopista E75.

Thessaloniki (Salónica), segunda ciudad de Grecia, merece una visita por las ruinas romanas, sus museos, su cultura macedonia y animados restaurantes frente al mar.

Permanezca en la E75 durante unos 85 km, hasta tomar el cruce de Thíva (Tebas).

El nombre de Tebas está cargado de historia, aunque la ciudad actual es notoria principalmente por su excelente museo.

Bordearemos Tebas siguiendo las indicaciones de Leivádia, que se encuentra a unos 50 km de Tebas.

Leivádia es un lugar mucho más atractivo que Tebas para parar, con algunas ruinas antiguas y una encantadora ubicación en las riberas del río Herkina.

Tanto si se desvía a Leivádia o no, siga las indicaciones a Delfos, por la carretera que asciende por las montañas.

Una ruta que debería hacer, si dispone de tiempo, es la de Dístomo (girando a la izquierda) que se halla a unos 20 km de Leivádia. Más allá de Dístomo se encuentra el remoto Monasterio de Ossios Loukas, uno de los más bellos de Grecia y famoso por sus frescos.

Si continuamos por la carretera sin desviarnos a Dístomo, estaremos en la carretera de Delfos que pasa por la bonita ciudad montañesa de Aráchova.

Deténgase en Aráchova para comer y dar un paseo por los alrededores antes de proseguir hacia Delfos.

Recorrido
180 km

Duración
2 horas sin paradas largas

Punto de salida
74C2
Centro de Atenas

Punto de llegada
74A3

Almuerzo
Karathanassi (E)
Delphon 56, Aráchova
0267-31360

Las callejuelas de Arájova invitan al paseo: algunas acaban en senderos que suben al monte Parnaso.

Se reúne la audiencia para un espectáculo en Epidauro, su escenario circular es único entre los teatros griegos.

ELEFSÍNA (ELEUSIS) ✪

- 74B2
- Gioga/Iera 1
- 554-6019
- M-D 8-3. Cerrado festivos
- A16
- Ninguno
- Moderado

A la Vía Sagrada de Atenas a Eleusis hoy le queda poco de divino. Una una transitada autopista pasa por astilleros, fábricas y refinerías de petróleo. Sin embargo, en el siglo VI a.C. era uno de los principales centros de culto del mundo antiguo que atraía a más de 30.000 peregrinos. Los rituales que se celebraban eran tan secretos que no se conservan testimonios históricos – solo especulaciones. Para hacernos una idea del lugar, tendremos que echarle mucha imaginación ya que sólo quedan los cimientos y caminos llenos de maleza, aunque el museo también ayuda.

EPÍDAVROS (EPIDAURO) ✪✪✪

- 74B1
- Recinto y museo 0753-22009
- Recinto, diario 7.30-7; museo 7.30-7, L 12-7. Cerrado festivos
- Diariamente desde la terminal Kifissou 100
- Ninguno
- Caro; gratis los domingos de invierno

El antiguo teatro de Epidauro es el más bello de Grecia por su emplazamiento, su estado de conservación y por su acústica. Se comenta que desde la última de sus 55 gradas se puede oír una gota cayendo en el escenario.

El teatro fue construido en el siglo IV a.C. pero no fue descubierto hasta finales del siglo XIX, siendo restaurado en 1954. Tiene un aforo para 14.000 personas y en él se celebra el festival anual de teatro en julio y agosto.

Desde sus gradas se contempla Epidauro, que estaba dedicada al dios sanador Asklepios, hijo de Apolo. El recinto cuenta con una casa de huéspedes, baños, gimnasio y edificios religiosos, aunque muchos están ocultos por la maleza. El museo contiene una buena colección de estatuas, como las de Asklepios, y una re-construcción parcial del Tholos o glorieta.

¿Sabía usted que ...?

La construcción de un canal a través del estrecho istmo de Corinto fue una idea original del emperador Nerón en el año 71 d.C. Se dice que él mismo comenzó a cabar con una pala de oro, dejando después el trabajo duro a 6.000 prisioneros judíos. Tras doce años de obras, una empresa francesa de ingeniería terminó el canal en 1893.

KAISARIANÍ ✪

En tiempos, el principal suministro de agua de Atenas procedía del Manantial Imperial, conocido con este nombre por el emperador Adriano que construyó el acueducto que transportaba el agua a la ciudad. En la ladera del Monte Hymettus, se encuentra un puñado de edificios muy bien conservados pertenecientes a un monasterio, con celdas, refectorio y cocina. Los frescos del siglo XII constituyen una de las atracciones de este tranquilo refugio, a pocos kilómetros de Atenas.

- 74C2
- 723-6619
- M-D 8.30-3. Cerrado festivos
- 234
- Ninguno
- Barato

KIFISIÁ (KIFISSIA) ✪✪

Esta zona de moda, en el extremo norte de la línea de metro de Pireo, es desde hace tiempo una dirección envidiable para los residentes de Atenas. A 276 metros de altitud, su clima benigno atrae a ciudadanos de alto nivel adquisitivo, como se puede deducir por las tiendas de la calle mayor. Esta atractiva y pequeña ciudad es un buen destino para pasar un día, aunque no todos los trenes del norte llegan hasta allí, por lo que es preciso informarse antes. En la estación de Kifissia se puede alquilar un coche de caballos durante una hora para contemplar las grandiosas mansiones. De otra forma, se puede caminar a través del parque, cruzando la transitada carretera, para continuar subiendo, quizás parando en Varsos, a la izquierda, para saborear las delicias de esta *zaharoplasteion* (pastelería) de la que se dice que es la más antigua de Atenas. El siguiente cruce, a la izquierda, nos lleva al **Museo Goulandris de Historia Natural**, con una pequeña pero impresionante colección centrada en la flora y fauna de Grecia. Destaca especialmente en aves, mariposas, conchas marinas y problemas ambientales. El herbario comprende más de 250.000 especies.

- 74C2
- Café (F)
- Kifissia

Museo Goulandris de Historia Natural

- Levidou 13
- 808-6405
- S-D 9-2. Cerrado durante los días de diario y festivos
- Moderado
- Ninguno

Las sólidas columnas del Ágora Romana de la Antigua Corinto.

74A2
Recinto y museo: 0741-31207
Diariamente 8-5. Cerrado festivos
Ninguno
Caro. Acrocorintos gratis

KÓRINTHOS (CORINTO) ✪✪

Es una pena que la ciudad moderna de Corinto no sea más atractiva, porque a sus pies el visitante puede ver la Antigua Corinto, las impresionantes ruinas de Acrocorinto sobre una colina y una de las maravillas del mundo moderno, el **Canal de Corinto.** Bien es cierto que éste último no nos entretendrá demasiado tiempo, aunque merece la pena visitarlo porque constituye un logro, hermoso y extraordinario, de la ingeniería moderna. Tiene una longitud de 6,5 km, 90 m de calado y tan sólo 27 m de ancho, lo que impide el tránsito de grandes cargueros.

Acrocorinto fue también hazaña de la ingeniería de su tiempo. La antigua acrópolis, ubicada en lo alto de una colina que domina la llanura circundante y el Golfo de Corinto, estaba defendida por dos kilómetros de muralla. Dentro de éstas están las ruinas de otras fortificaciones, casas, mezquitas e iglesias. Las vistas desde las murallas son espléndidas.

Más abajo se ve la **Antigua Corinto,** capital de la Grecia romana, con una población de más de 300.000 ciudadanos y 460.000 esclavos. La ciudad era famosa por sus costumbres licenciosas, de ahí la Epístola de San Pablo a los Corintios. Las ruinas bien conservadas y el **Museo Arqueológico** permiten al visitante hacerse una idea de la ciudad en el pasado (exceptuando su procacidad). El edificio más destacable es el **Templo de Apolo,** del siglo VI a.C., uno de los más antiguos de toda Grecia.

MARATHÓNAS (MARATÓN) ✪

En el año 490 a.C. las nuevas de la victoria de Grecia contra los persas en Maratón fueron llevadas a Atenas por el soldado Fidípades que corrió 41 kilómetros para entregar el mensaje y después murió. Este suceso se conmemora hoy con la carrera del maratón y la batalla se recuerda en el túmulo funerario bajo el que descansan los 192 soldados atenienses que perdieron su vida luchando. Si recordamos que se cree que 6.400 persas fueron muertos en batalla, se trató pues de una victoria heroica. Hay un pequeño museo cerca de la ciudad moderna de Maratón, por otra parte nada destacable. Por encima del museo se alza una colina que ofrece una buena panorámica de la Llanura de Maratón, un día campo de batalla.

- 74C2
- 0294-55155 Tumba y museo arqueológico
- M-D 8.30-3. Cerrado festivos
- Autobús a Marathónas, sin número, desde la terminal de Mavromateon (1.15 horas)
- Ninguno
- Moderado

MYKÍNES (MICENAS) ✪✪✪

'He contemplado el rostro de Agamenón,' proclamó el arqueólogo alemán Heinrich Schliemann al rey de Grecia, después de desenterrar una máscara de oro en este lugar. Éste y otros fabulosos tesoros se exponen en el Museo Nacional de Arqueología de Atenas (➤ 18-19). Se trate o no del palacio de Agamenón –y las pruebas de carbono posteriores sugieren que no– las ruinas son las más famosas y populares de Grecia. La mayoría de los visitantes se emocionan al contemplar por primera vez la famosa **Puerta de los Leones** (1250 a.C. aprox.), una imagen de Grecia casi tan familiar como el Partenón. Pasada la puerta, a la derecha, está el **Cementerio Real** donde se descubrieron los tesoros. Muy cerca se halla el **Tesoro de Atreo,** una sencilla pero impactante tumba real.

- 74A2
- 0751-76585
- Diariamente 8-7 (invierno 8-5). Cerrado festivos
- Tome el autobús a Náfplio y pregunte por Micenas
- Ninguno
- Caro

Al entrar en Micenas por la Puerta de los Leones se puede ver en el dintel los pivotes de la antigua puerta de madera.

74A1
Cafés, restaurantes (E-C) en la ciudad
Desde Kifissou, terminal 100

Museo Arqueológico
Plateía Syntagmatos
0752-27502
M-D, 8.30-3. Cerrado festivos
Ninguno
Moderado

Museo del Folklore
Vasilissis Alexandrou 1
0752-28379
M-D, 8.30-3
Moderado

Museo de la Guerra
Leoforos Amalias
0752-25591
M-D, 9-2. Cerrado festivos
Ninguno
Gratis

Ventanas llenas de vistosas flores adornan las casas de Náfplio.

NÁFPLIO ✪✪✪

Náfplio está lejos de ser la ciudad más grande del Peloponeso –distinción que corresponde al puerto de Pátras, tercera ciudad de Grecia– sin embargo, resulta una de las ciudades más atractivas. Y de hecho, para muchos griegos es la ciudad más hermosa de Grecia.

Existen varias razones para ello. Da la impresión de ser un pueblecito costero de una isla, apiñado en la base de un promontorio dominado por dos fortificaciones. Sus calles, estrechas y evocadoras, están adornadas con balcones al estilo italiano, que en primavera y verano se llenan de flores. La plaza central es muy amplia y peatonal y desde el puerto se divisan los altos picos de las montañas del Peloponeso.

Náfplio es una ciudad pequeña pero cosmopolita en cuyas calles se vende la prensa diaria internacional, que atrae a artistas y artesanos. Cuenta con un buen número de restaurantes donde se come bien, una pequeña playa y está bien comunicada con lugares históricos como Micenas, Tyrinto y Epidauro. También ostenta un lugar único en la historia del país: fue Náfplio, y no Atenas, la primera capital de la Grecia moderna. El primer presidente del país, Kapodistrias, vivió y fue asesinado aquí.

La historia de la ciudad se refleja en sus dos fortificaciones, un **museo de la guerra, museo folklórico** y en el **museo arqueológico** con algunas piezas fascinantes. No sorprende, pues, que Náfplio sea un destino favorito entre los atenienses para pasar unas vacaciones o un fin de semana – se encuentra a sólo dos horas en coche.

Náfplio: Antigua capital de Grecia

Náfplio, capital de Grecia desde 1829 hasta 1834, es una de las ciudades más bonitas del país.

Salga de Atenas siguiendo la carretera a Kórinthos (Corinto), que deja la ciudad pasando por Dafne (➤ 78) y Eleusis (➤ 80) y llega a la autopista E94.

La autopista discurre entre un bonito paisaje costero, una vez dejados atrás los barrios industriales. La isla de Salamina (➤ 88) se divisa desde la costa.

Continúe por la E94 hasta llegar al Canal de Corinto (➤ 82), pero esté atento al puente que cruza el canal, de otra forma estar cruzándolo antes de darse cuenta.

Deténgase en los cafés y tiendas que se encuentran en el extremo más próximo del puente y crúcelo a pie para admirar de cerca esta maravillosa obra de ingeniería.

Unos 8 km después del canal, tome la salida de la autopista a Argos, a la izquierda.

Esta carretera pasa cerca del yacimiento arqueológico de Micenas (➤ 83). Si sólo dispone de tiempo para una visita alternativa, decídase por ésta. Busque el desvío a la izquierda, está señalizado. El yacimiento está a poca distancia de la carretera principal.

Continúe hacia Argos y después hacia Náfplio.

La carretera pasa cerca de otro yacimiento arqueológico, saliendo de la carretera a la izquierda en Tíryntha (Tiryns), menos visitado que Micenas y en un paraje impresionante.

Continúe hacia Náfplio (➤ 84).

Recorrido
150 km

Duración
2 horas sin paradas largas

Punto de salida
✚ 74C2
Centro de Atenas

Punto de llegada
✚ 74A1
Náfplio

Almuerzo
Kakanarakis (E)
✉ Vasilissis Olgas 18, Nafplio
☎ 0752-25371

El Canal de Corinto acortó la travesía marítima entre Italia y Atenas más de 320 kilómetros.

74C2

Museo Arqueológico
Harilaou Trikoupi 31
452-1598
M-D 8.30-3. Cerrado festivos
Piraeus
Ninguno
Moderado

Museo Naval
Akti Themistokleous
451-6264
M-S 9-2. Cerrado festivos
Piraeus
Ninguno
Barato

PEIRAÍAS (EL PIREO)

A El Pireo se llega fácilmente desde el centro de Atenas, está al final de una línea de metro, aunque realmente sus encantos son bastante limitados. Imagínese el tráfico de Atenas y añádale la actividad de uno de los puertos más transitados de Europa. Sin embargo, puede ser interesante visitarlo un domingo por la mañana, cuando se celebra el mercadillo en los aledaños de la estación de metro y ferrocarril. Ciertos aspectos de la vida de sus calles están recogidos en la película ganadora de premios *Nunca en Domingo*,(1959) en la que Melina Mercouri (➤ 14) representa a una prostituta del puerto con corazón de oro.
Cerca de la grandiosa catedral de Ágía Triadha, en Filonos (detrás del ayuntamiento) unos trabajadores encontraron, en 1959, las impresionantes estatuas de bronce que constituyen la mayor atracción del **Museo Arqueológico** de El Pireo. Los hallazgos que se exhiben en la primera planta fueron descubiertos en el puerto en 1930-1931, en un barco que se hundió de camino a Italia.
Al salir del museo, tuerza a la izquierda y baje por la calle principal hasta el puerto Limin Zeas. Tome aquí a la derecha y poco después, cruzando la calle frente al mar, se encuentra el **Museo Naval** de Grecia que contiene maquetas de barcos, de antiguos trirremes a modernos barcos de guerra, secciones dedicadas a grandes batallas navales que se desarrollaron en aguas griegas, como la de Salamina, y documentación, dibujos, cartas y reliquias.

El puerto de Mikrolimano en El Pireo es muy popular entre los atenienses que llegan atraídos por las estupendas tabernas de pescado, ideales para una comida de domingo.

El Pireo es un puerto con un crecimiento descontrolado. Comprende dos puertos pequeños y otro muy grande. Si planea visitar una isla, es coveniente informarse en un mapa sobre los muelles y como llegar a ellos. Los barcos a las islas Argo-Sarónicas, mencionadas en esta guía, salen de Akti Possidhonios y también de Akti Miaouli, más adelante. Los acuaplanos para las Islas Sarónicas parten de Akti Tselepi, en la zona este del puerto. Todos los muelles se encuentran a corta distancia de la estación de metro.

Retocando el nombre del barco en el puerto de Pireo para la nueva temporada.

PÓROS ✪✪

La visita a Póros supone visitar dos islas por el precio de una: las dos pequeñas islas están unidas por un puente. El continente está a tan sólo 400 metros, al otro lado de las aguas poco profundas o vados *(póros)* que dan nombre a la isla. A sólo una hora de Atenas, Póros recibe multitud de visitantes como el resto de las islas argo-sarónicas. Si le atrae hacer una escapadita, cruce a tierra firme y pasee por los campos de limoneros de Limonodhassos, donde 30.000 limoneros perfuman el aire y sinuosos senderos suben hasta una pequeña taberna que sirve limonada recién hecha.

De vuelta en la ciudad, es muy agradable callejear por sus estrechas callejuelas, visitar el pequeño museo arqueológico o pasar el tiempo en los cafés del puerto contemplando los barcos y la gente. En Póros atracan algunos barcos grandes y es muy curioso contemplar a los marineros en cubierta a la misma altura que las casas que se apiñan sobre el puerto. Aunque en el interior de la isla quedan las ruinas esparcidas del Templo de Poseidón, del siglo VI, Póros es un lugar para disfrutar de vacaciones modernas, más que para sumergirse en el pasado.

74B1
Policía Turística: en el paseo marítimo
Policía Turística: 0298-22462
Diariamente mayo-sep
Muchos cafés y restaurantes (E-C)

Las casas de Póros se apiñan sobre el puerto.

RAFÍNA ✪

Este puerto, a 40 minutos en autobús desde Atenas, es el punto de partida de muchos ferrys que van a las Islas Egeas, a algunas de las Cícladas, a las del Dodecaneso y a Eubea (Evvia). También es famoso por sus buenos restaurantes de pescado, agrupados alrededor del pequeño puerto pesquero. Acercarse hasta aquí para comer es una buena opción si desea escapar del bullicio de la gran ciudad.

74C2
Muchos (M-C)
Desde la estación de autobuses de Mavromateon en Atenas

Vista en la lejanía de las ruinas del Templo de Themis en Rámnoús.

- 74C3
- 0294-63477
- Diariamente 7-6. Cerrado festivos
- Autobús Rámnoús/Ag. Marina, sin número, desde la terminal de Mavromateon
- Ninguno
- Moderado

- 74B2
- Varios en las ciudades de Salamina, Selina y Eandio (E)

RÁMNOÚS ✪

Se trata de una de las ruinas más remotas, aunque son de fácil acceso desde Atenas si contamos con un coche. Por esta razón, es posible que se encuentre solo en el lugar. Estaba consagrado a dos diosas, Themis (Diosa de la Justicia) y Nemesis (madre de Helena de Troya), aunque poco queda de los dos templos, sólo los cimientos esparcidos y cubiertos de maleza. Desde hace tiempo, la naturaleza se ha apropiado del lugar, pero esto forma parte de su encanto: es un lugar para la imaginación, la paz y una comida campestre.

SALAMÍNA ✪

Salamina constituye un caso aparte: es la isla más grande de las islas Argo-Sarónicas pero la menos conocida fuera de Grecia porque la industria turística no está desarrollada. De hecho, la capital no tiene ni un solo hotel. A sólo un kilómetro de Pireo, se llega enseguida en barco por lo que muchas personas viven aquí y trabajan en Atenas. Fue el lugar de nacimiento de Eurípides y su nombre se recuerda por la Batalla de Salamina, en el año 480 a.C., cuando la gran flota persa fue derrotada por la flota griega de trirremes, mucho más pequeña pero más rápida.

La ciudad de Salamina tiene poco de que hablar y el puerto al que llegan los ferrys mucho menos. Son dos muelles a tres kilómetros de distancia el uno del otro, conectados por un servicio de autobús. Sin embargo, si dispone de tiempo para explorar, la isla ofrece algunos atractivos: el **puerto pesquero** y las **viejas mansiones de Ágios Nikolaos,** el **monasterio de Faneromeni** del siglo XVII y el bonito centro turístico de **Peristeria.**

SPÉTSES ✪✪

Spétses es la isla Argo-Sarónica más lejana de Atenas, aunque se llega en poco más de dos horas en el rápido Flying Dolphin. Es menos cara que Hydra, tiene mejores playas que Póros o Hydra, es bastante verde (su nombre es una degeneración del término griego para "pinar") y por lo tanto es tan popular como el resto de las islas, a pesar de estar más lejos.

Spétses se hizo famosa a finales de los sesenta, cuando el autor británico John Fowles la escogió como escenario de su novela de culto, *El Mago*. Fowles que vivía y trabaja como profesor en la isla, le dio el nombre de Phraxos en la novela. La ciudad de Spétses tiene, al igual que Hydra, muchas mansiones elegantes del siglo XVIII, construidas gracias a las riquezas que aportaba la flota comercial. Una de las más hermosas, que data de 1795, hoy alberga el **Museo de la isla** que merece una visita. El atractivo de Spétses como lugar de visita o para pasar una noche, está potenciado además por la fama de sus buenos restaurantes.

Una anciana cariñosa residente de Spétses.

74B1
Pol. Turística: Botassi
Policía Turística: 0298-73100
Museo, M-D 8.30-2.30
Muchos (M-C)
Museo: moderado

74C2
Recinto y museo 0299-27020
Ambos, M-D 8.30-3. Cerrado festivos
Ninguno
304 a Artemi, después 2km a pie
Ninguno
Moderado

VRAVRÓNA ✪

La ciudad antigua de Vravróna y su museo se encuentran a quince minutos andando, en las afueras de la ciudad del mismo nombre. El lugar, que fue el centro de culto de Artemisa, diosa de la fertilidad, cuenta con las ruinas de un templo del siglo V construido en honor a la diosa sobre los cimientos de un edficio anterior. En el agradable museo de la ciudad, se exhibe un modelo a escala del templo, al lado de otros hallazgos arqueológicos de la zona.

74B1
Policía Turística: Votsi, Hydra
Policía Turística: 0298-52205
Diariamente 9AM-10PM, mayo-oct
Muchos cafés y restaurantes (E-C)

ÝDRA (HYDRA) ✪✪

Si sólo dispone de tiempo para visitar una isla griega durante su estancia en Atenas, existen algunas razones a favor y en contra de la elección de Hydra. Llegar a la isla, tan sólo lleva 90 minutos en el *Flying Dolphin* y, cuando llegamos, el puerto es tan extraordinariamente hermoso que comprendemos porque la gente se enamora de las islas griegas. Por otro lado, muchísima gente antes que usted se ha enamorado de Hydra, por lo que puede estar literalmente abarrotada. Tampoco se trata de una isla griega típica, aunque cada isla es diferente y es ahí donde reside parte de su encanto.

Hydra fue colonizada por artistas bohemios a finales de los años sesenta, convirtiéndose en un lugar de moda para vivir o vacaciones, con un aire a Saint-Tropez. Muchas de las mansiones que rodean al puerto fueron restauradas con buen criterio, recuperando la gloria de los tiempos en los que la isla contaba con una poderosa flota comercial (siglo XVIII). En la actualidad, se aplica una ley del suelo muy severa y el tráfico está restringido con la finalidad de conservar la belleza de la isla, aunque los comerciantes presionan para que se relajen las restricciones.

Se puede evitar a la multitud, caminando hasta uno de los pueblecitos pesqueros de la isla o subiendo al **convento de Ágia Efpraxia** y al vecino **monasterio de Profitis Ilias**, que nos transportan a una forma de vida más tradicional.

Destellos del sol sobre los tejados de Hydra.

Dónde...

Comer y beber 92-99
Alojarse 100-104
Comprar 105-109
Llevar a los niños 110-111
Divertirse 112-116

Arriba: *una taberna del barrio de Pláka.*
Derecha: *Atenas atesora estatuas imponentes de dioses mitológicos.*

Atenas

Precios
Precio aproximado de una comida de tres platos para una persona, bebidas y servicio no incluidos:

E = menos de 15€
M = 15-30€
C = más de 30€

Atenas informal
Atenas es una ciudad de ambiente informal donde ni siquiera los restaurantes más elegantes exigen chaqueta y corbata. Dicho esto, algunos locales selectos atraen a una clientela que se pone de gala para una noche especial, por lo que nos podremos sentir un poco incómodos si no vestimos en concordancia. Mientras que en las tabernas poco importa lo que llevemos puesto.

Al Convento (M)
Es uno de los restaurantes italianos de mejor precio y dicen que el más antiguo de Atenas. Es un lugar muy agradable que ofrece platos de spaghetti, pizzas y la especialidad de la casa: pasta con *scaloppini*.

Anapiron Polimou 4-6
723-9163
L-S, cenas
Syntagma

Bakalarakia (E)
Aquí encontrará comida griega sencilla pero buena. Afirma ser la taberna más antigua de Atenas, establecida en 1865. Su especialidad es el bacalao con ajo, de ahí su nombre.

Kydathinaíon 41
322-5084
L-S 7-12. Cerrado a mitad de verano
Monastiráki

Barba Yannis (E)
Muy popular entre los estudiantes que a veces forman cola para comer. Música en directo (no siempre), servicio eficiente y un menú limitado de buenos platos griegos. No encontrará mejor ambiente.

Emmanuel Benaki 94
330-0185
L-S, comidas y cenas. Domingos, comida. Cerrado en agosto
Omonia

Boschetto (C)
Este encantador restaurante italiano está en el parque de Evangelismos, en el borde de Kolonáki. Sirve cocina de moda utilizando ingredientes populares en Grecia e Italia: calamares, espinacas, berenjenas y queso.

Alsos Evanelismos
721-0893 **L-S, comidas, cenas. Cerrado al mediodía en invierno y dos semanas de agosto.** **234**

Chai Long (M)
En una tranquila calle de Pláka, este atractivo restaurante chino se especializa en recetas de Hong Kong y ofrece un gran número de menús a precios fijos. Su servicio eficiente y cortés complementa el menú.

Mnisikleous 7
331-4323
Comidas, cenas. Cerrado M
Monastiráki

Costoyannis (M)
Ubicada cerca del Museo de Arqueología, se trata de una taberna con mucha personalidad que atrae a todo tipo de clientela: estudiantes, hombres y mujeres de negocios, turistas. Tiene fama por sus deliciosos entrantes y buenos platos de pescado, además de su carta de vinos que se sale de lo corriente.

Zaimi 37
821-2496
L-S, cenas
Omonia

Da Walter (M)
El Da Walter es un elegante italiano situado en una elegante zona de Kolonáki. Ofrece especialidades más ambiciosas que las típicas pizzas y pasta de otros italianos. Pruebe la *ternera en salsa de cognac y mostaza*, por ejemplo. Servicio italiano muy atento.

Evzonon 7 **724-8726**
Cenas **Syntagma**

Eden (E)
Este comedor ofrece buenos platos vegetarianos en base a la cocina griega con ligeras influencias orientales. Sirve el pan más rico de Atenas, café bueno y abundante; zona de no fumadores.

Lysiou 12 **324-8858**
Diariamente 12-12
Monastiráki

Edodi (C)
Uno de los más famosos de la ciudad, el Edodi ofrece cocina nueva, combinaciones curiosas y un menú siempre cambiante. Interior decorado con diseño moderno.

Veikou 80 **921-3013**
L-S 7-12. Cerrado en agosto
Acropolis cuando funciona

Ermou & Asomaton (C)
Este elegante restaurante ofrece un extenso menú de platos griegos e internacionales muy sofisticados, incluyendo algunos platos vegetarianos y propuestas inusuales como anguila ahumada o pollo en salsa de yoghurt, menta, mostaza y limón.

Ermou 137 **324-6337**
Sep-mayo, L-V 8PM-2AM, S-D 11-5, 8-2
Theseion

Famagusta (M)
Muchos restaurantes griegos internacionales ofrecen en realidad cocina chipriota. Este establecimiento, cercano al Hotel Hilton demuestra que la cocina de la isla es muy popular, mezclando platos griegos con influencias de Oriente Próximo. La luz de las velas y la música añaden un toque romántico.

Zagoras 8 **778-5229**
Diario, cenas **230**

Far East (M)
De los numerosos restaurantes chinos de la ciudad, éste es uno de los mejores, con un extenso menú que incorpora especialidades japonesas y coreanas, al lado de platos populares como sopa agridulce, cerdo agridulce y pato laqueado.

Stadiou 7
323-4996
Diario, comidas y cenas
Syntagma cuando funciona

Five Brothers (E)
El Five Brothers ofrece mesas al aire libre, cerca del Ágora Romana. Sirve varios menús, raciones abundantes y buenas parrilladas. El vino de la casa es decente y el servicio agradable.

Eolou 3
325-0088
Diario 8AM-1AM
Monastiráki

GB Corner (C)
En el Hotel Grande Bretagne (➤ 62, 101), este elegante restaurante con piano bar sirve una mezcla de buena cocina griega tradicional y cocina internacional. Buena comida, buen servicio y los precios no son excesivos.

Hotel Grande Bretagne, Plaza Syntagma
333-0000
Diario 7AM-1AM
Syntagma

Gerofinikas (M)
Este apartado y elegante restaurante compite por ofrecer la mejor cocina de Atenas, con una fuerte influencia de Oriente Medio que se observa en la utilización ingredientes como el cordero, pollo, yoghurt, especias, frutos secos y además postres muy dulces.

Pindarou 10
362-2719
Diario 12-11:30. Cerrado festivos

Golden Flower (E)
Restaurante chino sin pretensiones, como los de cualquier gran ciudad. Es de confianza y económico si queremos fideos, pato laqueado, platos agridulces, empanadillas de gambas y otros.

Nikis 30
323-0113
Diario, comidas y cenas
Syntagma

Hermion (M)
Agradable y antiguo café restaurante cercano al mercadillo. Tiene mesas en el interior y un bonito patio para cenas; sirve excelente cocina griega a precios moderados.

Pandrossou 7-15
324-6725
Diario, desayunos, comidas y cenas
Monastiráki

Más allá de Pláka
No cabe duda de que se puede comer bien en Pláka, disfrutando además del mejor ambiente de la ciudad. Sin embargo, si disfrutamos realmente de la comida, debemos explorar otras zonas de la ciudad. Algunos de los mejores restaurantes de cocina griega e internacional se encuentran en barrios como Theseion, Psirri, Metz y Kolonáki. Atenas es una de las ciudades más seguras del mundo, así que no tenga dudas a la hora de explorar. El único peligro es perder la línea.

Costumbres griegas
Los griegos comen tarde. Muchos restaurantes, especialemente en Pláka, abren temprano para atraer al turismo del norte de Europa, pero si desea disfrutar del ambiente no llegue nunca antes de las 9PM. De hecho, algunos establecimientos de moda no abren sus puertas hasta las 8 o 9 de la noche.

I Saita (E)
Esta sencilla taberna ofrece vino de barril, murales y un menú estándar que a veces incluye alguna deliciosa sorpresa, como cerdo en salsa de apio.
Kydathinaíon 21
Diario, cenas
024, 230

Ideal (C)
El Ideal es elegante y algo caro, pero el servicio es muy atento y ofrece una extensa y curiosa carta que incluye los 'pinchos del borracho' (cerdo en salsa de tomate con aceitunas, cebolla, champiñones y queso) o gambas con feta.
Panepestimiou 46
330-3000
L-S 12-2
Omonia

Kiku (M)
Rival del Michiko por el puesto de mejor restaurante japonés. Ofrece el típico *sushi* y *sashimi* preparado por cocineros japoneses. Ubicado en Kolonáki, atrae a una clientela de negocios y diplomáticos.
Dimokritou 12
364-7033
Diario, comidas y cenas. Cerrado domingos al mediodía, mitad de verano
Syntagma

Kona Kai (C)
Localizado en el Hotel Ledra Marriott, está especializado en cocina polinesia (con una decoración tan exótica como sus platos), aunque también ofrece un menú japonés. Muy popular, se recomienda reservar con antelación.
Syngrou 115
930-0000
L-S, cenas. Cierra mediados de agosto
2, 4, 11, 12

Kouklis (E)
También conocido como To Yerani, esta *ouzerie* es una de las favoritas, centrada en sabrosos *meze* como *saganaki*, *taramasalata*, calamares fritos y salchichas cocinadas en ouzo. También cuenta con una agradable terraza para la cena.
Tripodon 14 **324-7605**
Diario, comidas y cenas
Monastiráki

L'Abreuvoir (C)
Este elegante y acogedor restaurante francés de Kolonáki, donde han cenado Pavarotti y otras celebridades, ofrece un ambiente y cocina elegantes –especialidad en carnes– y una extensa y cara carta de vinos.
Xenokratous 51
722-9061
Diario, comidas y cenas
Syntagma

Mamaca's (E)
Esta taberna posmoderna está ubicada en una casa abovedada del 1920. Buena cocina tradicional. Favorita del mundillo del arte.
Persefonis 41, Gazi
346-4984
Diario, comidas y cenas. Cierra en agosto
Thissio

Melrose (M)
Ninguna ciudad está completa sin un restaurante de la costa del Pacífico, y éste es el mejor de Atenas en su clase. Por supuesto, sirve buen pescado y marisco –salmón, gambas, pez espada– agradable decoración y excelente servicio.
Zosimadou 16 (cerca de Kallidromiou)
825-1627
L-S, cenas. Cerrado en agosto
Omonia

Michiko (M)
Al lado de una calle principal de Pláka, en una bonita mansión con patio, es un japonés auténtico y tradicional: *sushi, sashimi, sukiyaki.*
Kydathinaíon 27
322-0980
L-S, comidas y cenas. Cerrado sábados al mediodía
024, 230

Mona Lisa (M)
Antes llamado Jimmy's Cooking, se encuentra en un romántico rincón de Kolonáki. Ofrece atrevidos platos de pasta y pescado, servidos con la típica hospitalidad italiana.
Loukianou 36
724-7283
Diario, comidas y cenas
Syntagma

Myrtia (C)
Aunque un poco cara para ser una taberna, el menú turístico ofrece tantos platos que venga cuando esté muy hambriento. Por la noche, música en directo y mucho ambiente. En verano, mesas al aire libre.
Trivonianou 32-34
924-7181
L-S, cenas. Cerrado en agosto
2, 4, 11, 12

O Platanos (E)
Favorito entre los atenienses, hace pocas concesiones al turismo. Tiene la mejor localización de Pláka, con mesas al aire libre bajo el plátano que le da nombre.
Diogenous 4
322-0666
L-S 12-4:30, 8-12
Monastiráki

Orient (M)
Muchos restaurantes sirven una mezcla de cocinas orientales y éste es un típico ejemplo: cocina koreana, china y japonesa. Precios razonables y popular entre griegos y turistas.
Lekka 26 **322-1192**
Diario, comidas y cenas
Syntagma

Palia Athina (M)
Un restaurante sencillo y a la antigua, descrito por un cliente 'como la cocina de mamá'. Sirve platos tradicionales como pulpo en vinagre, feta a la parrilla, buñuelos de calabaza, sopa de pescado, pimientos de Florina y calamares.
Nikis 46 **331-2975**
L-S 12-1 **024, 230**

Palia Taverna (M)
Desde finales del XIX, permanece fiel a su cocina y su ambiente. Algunas noches música en directo, buen servicio, mesas al aire libre y menú de confianza.
Markou Mousourou 36
752-2396
Diariamente 7PM-2AM. Cerrado mitad de verano
2, 4, 11, 12

Piccolino (M)
Uno más en Pláka, aunque con buen servicio y buena comida: abundantes entrantes de *taramasalata*, *tzatziki*, *houmous*, berenjena y ensalada de patata.
Sotiros 26/Kydathinaíon 10
324-6692
Diario, comidas y cenas
024, 230

Pil Poul (C)
Para la mejor cocina moderna hay que ir a los barrios de Theseion y Psirri. Pil Poul recoge todo el Mediterráneo en su carta, con toques italianos y orientales. Vistas a la Acrópolis.
Apostolou Pavlou/ Poulopoulou
342-3665
L-S cenas **Theseion**

Prunier (M)
Bistro francés, cercano al Hotel Hilton. Ambiente romántico en tres comedores y típicos platos como *coq au vin* y *escargots*. Hay propuestas más exoticas en la carta, como codornices en orégano y zumo de limón.
Ipsilantou 63 **722-7379**
L-S cenas. Cerrado jun-ago
234

Sigalas (E)
El bullicio del barrio de Pláka y de los mercadillos parece inundar esta taberna centenaria. Siempre está abarrotada, es económica y ofrece una buena selección de platos griegos tradicionales. El servicio aunque frenético, es bueno.
Plateía Monastiráki 2
321-3036
Diario 7AM-2AM
Monastiráki

Nueva cocina griega
Si piensa que comer en Atenas consiste solamente en *moussakas*, debe recapacitar. Pruebe los nuevos restaurantes y se llevará una grata sorpresa. Todavía recuerdo una comida en Ermou & Asomaton, que comenzó con pollo frito al curry con nueces, mango, endivias, nata, limón, mostaza y salsa de curry; seguido de cerdo relleno de ciruelas y albaricoques, servido con arroz salvaje y una salsa de membrillo, manzana y miel. ¡Ni sombra de la *moussaka* en este menú!

Propinas

En Grecia, los precios de los menús están regulados por la Policía Turística. En algunos locales encontrará dos listas de precios, una con impuestos y otra sin impuestos. Normalmente pagamos los precios más altos, es decir, los que llevan los impuestos incluidos. No se trata pues de la propina para el servicio y es costumbre dejar para los camareros algunas monedas.

Socrates Prison (E)

Muy animado y con fama justificada por sus platos interesantes, como el cerdo relleno de vegetales, además de buen vino de la casa, postres caseros y mesas al aire libre.

Mitseon 20
922-3434
Diario 7PM-1AM. Cerrado en agosto
230

Strofi (E)

Vistas a la Acrópolis desde la terraza. Merecidamente popular por su buena cocina.

Rovertou Galli 25
921-4130
L-S cenas **230**

Symposio (C)

Combina una excelente cocina en un ambiente relajado. Tiene un bar muy popular por la noche, en una elegante casa. La carta abarca platos internacionales y cocina griega, como pasta con queso de Metsovo.

Erechthiou 46 **922-5321**
L-S cenas **230**

Ta Nissia (C)

Espléndidas vistas que compiten con su excelente cocina. Pruebe la 'Mezedakia Experience' para empezar. ¡Concédase el capricho!

Hotel Hilton, Vasilissis Sofias 46 **728-1000**
7-12. Sólo cenas - llame antes para comidas
234

Taverna tou Psyrri (E)

Uno de los que han transformado el barrio. Su propietario procede de Naxos y se nota en su carta: buen pescado importado, carne y otros productos.

Aischylou 12
321-4923
Diario, comidas y cenas. Cerrado domingos noche
Monastiráki

To Cafenio (M)

Este elegante y relajado restaurante sirve excelentes especialidades griegas, como pastel de espinacas, berenja al horno con queso, pollo al limón y platos internacionales para la clientela de las embajadas cercanas.

Loukianou 26 **723-7277**
L-S, comidas y cenas. Cerrado en agosto
234

To Ypogeio tis Plakas (E)

Una estupenda taberna con murales del artista local George Savakis. Ofrece cocina griega casera, como *souvlaki* y *calamaris*, y vino retsina de barril.

Kydathinaíon 10
322-4304
Diariamente 7PM-2AM

Vitrina (C)

Este elegante comedor, en un barrio de moda (Psirri) marca la pauta tanto por su decoración como por su cocina: el *cordero con champiñones y pimientos en salsa agriduce de oporto* es la estrella de la carta.

Navarchou Apostoli 7
321-1200
M-S cenas, D comidas
Monastiráki

White Elephant (M)

Ubicado en el Hotel Andromeda, es el lugar donde probar platos picantes. Especialidades de Chechuán, China, Polinesia y Tailandia.

Timoleontos Vassou 22
643-7302
L-S cenas. Cerrado julio-agosto **4**

Xinos (M)

En una callejuela de Pláka que pocos turistas encuentran, es muy popular entre atenienses. Cocina superior, música y un bonito jardín.

Angelou Geronta 4
322-1065
L-V 8PM-12. Cerrado en invierno

Zonar's (E)

Pinchos, café y deliciosos pasteles han sido la norma de este café desde 1930.

Panepistimiou 9
323-0572

Fuera de Atenas

Aígina (Egina)
Kostas (E)
Si está en Ágia Marina para visitar el Templo de Aphaia, busque esta taberna con un bonito jardín, no lejos de la playa. Servicio agradable y menú estándar pero bien preparado.

Ágia Marina
0297-32424
Diario, comidas y cenas. Cerrado en invierno

Maridaki (E)
Animado café restaurante frente al mar. Cenas económicas a base de ensaladas y tortillas; algo más caras con pulpo a la parrilla o moussaka; o caras, a base de pescado del día.

Dimokratias **0297-25869**
Diario, todo el día

Ákra Soúnio (Cabo Sounion)
Ilias (M)
Una alternativa a los restaurantes del Templo de Poseidón es esta taberna de la playa. Las vistas son menos impresionantes, pero es más barato. Menú sin sorpresas con pescado bueno y variado.

Ákra Soúnio **0292-39114**
Diario, comidas y cenas
Autobús a Sounion

Delfoí (Delfos)
Iniochos (M)
Este recomendable establecimiento ofrece espléndidas vistas del valle y un buen y variado menú, en una ciudad donde la comida para turistas es la norma. El menú incluye mejillones y pescado fresco, pastel de cordero y platos vegetarianos.

Frederikis 19
0265-82710
Diario, comidas cenas

Taverna Arachova (E)
En este pequeño y auténtico local se sirven verduras de su propia huerta. Se limita a parrilladas y ensaladas, pero muy bien preparadas. Precios razonables.

Frederikis 50
0265-82452
Diario 6.30PM-12

Vakos (E)
Una sencilla taberna familiar, con un servicio agradable y buenas versiones de platos griegos. Menú predecible, pero bueno. Bonitas vistas.

Apollonos 31
0265-82448
L-S, comidas y cenas

Kifisiá (Kifissia)
Bokaris (M)
Este reputado restaurante de un elegante barrio tiene una terraza agradable, una buena carta de vinos y buenas carnes y pescados a la parrilla.

Sokratous 17
801-2589
Diario 7PM-tarde, D comida. Cerrado en agosto
Kifisia

Vardis (C)
En el Hotel Pentelikon, este elegante y caro, pero buen restaurante se especializa en cocina francesa: langosta, *filet mignon* y otras deliciosas tentaciones. Música de piano.

Deligianni 66
023-0650
Diario, comidas y cenas
Kifisia

Kórinthos (Corinto)
Pantheon (E)
Un local de confianza en la ciudad moderna, donde muchos se limitan a ofrecer comida de segunda para turistas. Buenas parrilladas, moussaka y abundantes ensaladas.

Ethnikis Antistasis
0741-25780
Diario, comidas y cenas

Horarios
Aunque en esta guía le ofrecemos los horarios de apertura, los restaurantes y tabernas griegos pueden ser muy caprichosos. Algunos cierran en invierno, mientras que otros lo hacen durante todo el verano; otros cierran un par de semanas a mitad del verano. Algunos deciden abrir, o cerrar, al mediodía. Otros cambian de dirección. Si desea visitar alguno de los que le proponemos aquí, le recomendamos llamar antes para confirmar que está abierto.

Pescado y marisco
El pescado y el marisco se suele cobrar por peso y no por precios fijos de las raciones. Si pide simplemente pez espada podrá encontrarse en su plato una ración enorme de pescado a un precio equivalente a su tamaño. Dígale al camarero exactamente lo que desea o pida que le enseñen el pescado antes de cocinarlo, o bien vaya a la cocina y escoja usted mismo. Asegúrese de que se lo pesan y le dan precio antes para no llevarse un susto con la cuenta.

Mikínes (Micenas)
La Belle Helene (M
Este evocador restaurante se encuentra en el hotel donde se alojaba Schliemann durante sus excavaciones arqueológicas. Aunque el menú es predecible, la comida es mejor –y algo más cara– que la de las numerosas tabernas para turistas.

0751-76225
Diario, comidas y cenas. Llame antes para confirmar cenas

Náfplio
Kakanarakis (E)
En una ciudad en la que la mayoría de las tabernas están orientadas exclusivamente al turismo, esta estupenda casa de comidas, a dos calles del mar, ofrece especialidades griegas, incluso fuera de temporada: *conejo con feta, calamares en vino*, por poner dos ejemplos.

Vasilissis Olgas 18
0752-25371
Diario, comidas y cenas

Karamanlis (E)
Taberna del puerto que conserva su sabor local al estar un poco apartada de la zona más turística. La comida es buena, sencilla y barata.

Bouboulinas 1
0752-27668
Diariamente 11-12

Kipos (E)
Kipos significa jardín, y esta encantadora taberna cuenta con un jardín muy limpio con mesas a la sombra de un limonero y una parra, en una callejuela cercana a Sindagma. Sirve un menú típico de pescado a la parrilla y ensaladas. Merece la pena.

Kapodistriou 8
Diario, comidas y cenas

Ta Phanaria (E)
Con una pequeña terraza a la sombra, es una buena taberna para disfrutar de una comida cuando visitemos la ciudad. Destaca en esta calle de Phanaria repleta de tabernas, por sus platos vegetarianos y especialidades griegas.

Staikopoulou 13
0752-27141
Diario, todo el día

Savouras (M)
Este restaurante de pescado, frente al mar, es muy popular entre los vecinos de la ciudad (y ellos conocen bien el género). La oferta varía dependiendo de las estaciones; espere encontrar salmonetes, doradas y pez espada.

Bouboulinas 79
0752-27704
Diario, comidas y cenas

Zorba's (E)
Esta modesta taberna, con un servicio atento y genuina comida casera, se encuentra en una calle tan llena de tabernas que la elección resulta difícil. El Zorba ofrece *moussaka* bien preparada y otros platos sencillos cocinados por la mujer, mientras su simpático marido atiende las mesas.

Staikopoulou 30
0752-25319
Diario, comidas y cenas

Peiraías (Pireo)
Alli Skala (M)
Cabe destacar este restaurante del Pireo con un patio precioso. Su menú, además de pescado, incluye otras especialidades a base de carne y cocina casera griega.

Serifou 57
482-7722
A diario y sólo cenas
Piraeus

Dourambeis (C)
Uno de los mejores del Pireo. Fundado en 1932, es un local sencillo pero con excelentes y caras especialidades de pescado de las islas. Un buen ejemplo es su sabrosa *sopa de langosta*.

Athena Dilaveri 29
412-2092
L-S 8.30PM-1AM. Cerrado en agosto
Piraeus

Jimmy & The Fish (M)
Situada en el Mikrolimano está especializada, como es natural, en pescados y mariscos como la langosta. La decoración también ayuda.

Akti Koumoundourou 46
412-4417
L-S, comidas y cenas. D sólo al mediodía
Piraeus

Kollias (M)
Este conocido restaurante de Pireo ofrece servicio cordial y cocina inspirada.

Stratigou Plastira 3
462-9620
L-S, comidas y cenas. Cerrado en agosto y al mediodía en verano
Piraeus

Panorama (M)
Cerca de la Acrópolis y apartada del bullicio del puerto, sirve pescado fresco (dorada, salmonetes, pez espada) a precios razonables y, como su nombre apunta, vistas panorámicas.

Irakliou 18-20
417-3475
Diario, comidas y cenas
Piraeus

Varoulko (C)
Elaborada y excepcional cocina moderna griega e internacional, con un original menú en el que se incluyen platos como hojas de parra rellenas de pescado, aunque el rape es la especialidad del chef. Se recomienda reservar con antelación. Muy caro.

Deliyioryi 14 **411-2043**
L-S 8PM-12. Cerrado en agosto
Piraeus

Vasilenas (E)
En El Pireo también existen tabernas económicas, si nos olvidamos del pescado, como ésta, abierta deste 1930. Popular por su menú del día que incluye 16 platos para llenar el estómago sin vaciar la cartera.

Etolikou 72 **461-2457**
L-S cenas **Piraeus**

Póros
Caravella (E)
Agradable servicio (cuando está tranquila) en esta taberna del puerto que sirve un menú de platos griegos bastante bien preparados.

Paralia
0298-23666
Diario, comidas y cenas

Spétses
Exedra (E)
Justo frente al puerto, se trata del mejor restaurante de pescado de Spétses. El Exedra prepara el pescado con un estilo propio. El menú incluye deliciosas gambas, langosa y queso feta asado, y platos vegetarianos.

Puerto Viejo
0298-73497
Diario, comidas y cenas

Lirakis (E)
Ubicado sobre el supermercado del mismo nombre, el Lirakis ofrece un menú de tortillas y platos vegetarianos sencillos y sofisticados, además de cocina tradicional.

Puerto Principal
0298-72188
Diario, comidas y cenas. Cerrado en invierno

Ýdra (Hydra)
O Kipos (E)
Este popular restaurante, con un fresco jardín, se especializa en carne, como el cordero en pasta hilada o cabrito. También pescado y platos vegetarianos que reflejan el carácter cosmopolita de la isla.

Cerca del estadio
0298-52329
Diario, cenas. Cerrado en invierno

Xeri Elia (E)
Escondido en una callecita cercana a Kipos, esta taberna tradicional con terraza ofrece cocina sencilla pero bien preparada. Servicio cordial.

Saliendo de la plaza mayor
0298-52886
Diario, comidas y cenas

¿Templado o caliente?
Muchos establecimientos comienzan a cocinar a media mañana y platos como la moussaka y los tomates rellenos se mantienen templados hasta la hora de comer. Y no se puede reclamar, es su manera de hacer las cosas. Si le gusta la comida bien caliente, escoja en el menú un plato que haya que preparar en el momento, como el *souvlaki* o el pescado a la parrilla.

Atenas

Precios
Precios aproximados por habitación y noche.

E = menos de 30€
M = 30-60€
C = más de 60€

Viajar solo
En Atenas, las tarifas hoteleras se refieren a la habitación y no al número de personas que la ocupa. Si viaja solo es posible que le cobren el 25 por ciento menos del precio de la habitación por ocupación sencilla, pero queda a discreción del hotel y en muchas ocasiones depende de la disponibilidad.

En Grecia, inspeccionar la habitación antes de contratarla es una práctica común, por lo que no se sienta incómodo y pregunte. Elegantes vestíbulos pueden esconder habitaciones de un nivel inferior, al igual que vestíbulos modestos pueden ser la entrada a hoteles agradables. En Atenas, muchos hoteles tienen fachadas minúsculas, casi invisibles, por lo que no se fíe de la primera impresión.

Achilleas (M)
Reformado y a precios razonables, es un hotel cercano a la plaza Syntagma. Todas las habitaciones son amplias y limpias, con baño, aire acondicionado y teléfono.

Lekka 21
323-3197
Autobús del aeropuerto

Acropolis House (M)
Ajustado de precio y familiar, es una opción interesante en Pláka, en una mansión restaurada. Bien conservado aunque no todas las habitaciones tienen baño.

Kodrou 6-8
322-2344
Autobús del aeropuerto

Acropolis View (C)
Es un hotel bueno y no excesivamente caro, en la ladera sur de la Acrópolis lo que implica unas vistas maravillosas. Habitaciones con baño, aire acondicionado y teléfono. Ubicado en una zona tranquila.

Webster 10
921-7303
Autobús del aeropuerto

Adonis (M)
El Adonis es un hotel bueno y económico, con personal servicial. Situado en los límites de Pláka, no muy lejos de la plaza Syntagma. Tiene una sala para desayunos/bar con vistas a la Acrópolis y atrae a clientela regular.

Kodrou 3
324-9737
Autobús del aeropuerto

Andromeda Athens (C)
Ubicado en una calle tranquila, relativamente cerca del Templo de Zeus Olímpico (► 55), este hotel de lujo está orientado al mundo de los negocios, con ordenadores y fax a disposición de los clientes. También cuenta con uno de los mejores restaurantes de la ciudad, el White Elephant (► 96).

Timoleondos Vassou 22
643-7302
4

Athenian Inn (M)
Este hotel de larga tradición es muy tranquilo y está situado en el elegante barrio de Kolonáki. Algunas habitaciones tienen vistas a la Colina Licabeto. Está amueblado de forma tradicional y atrae a escritores y artistas, pero los precios son ajustados.

Haritos 22
723-8097
Syntagma

Athens Hilton (C)
Alto nivel (y precios) garantizado en el Hilton pero con cierto carácter ateniense – plantas, restaurantes y cafés. El hotel está bien situado para ir a la plaza Syntagma, al Museo Benaki (► 51) y a la Galería Nacional (► 37), pero no para Pláka.

Vasilissis Sofias 46
728-000
Evangelismos

Attalos (M)
Sencillo pero limpio y bien equipado, este hotel de clase C

ofrece un servicio cordial y está cerca de Pláka, el mercadillo y el metro Monastiráki, si piensa tomar un ferry.

Athinas 29
321-2801
Monastiráki

Carolina (E)

El Carolina es un establecimiento económico que ha sido reformado recientemente. Algunas habitaciones tienen baño aunque la mayoría son pequeñas pero limpias. Ubicación conveniente para explorar el centro de la ciudad.

Kolokotroni 55
324-0944
Monastiráki

Elektra Palace (C)

El Elektra Palace ofrece auténtico lujo en el corazón de Pláka, con piscina en la azotea y vistas a la Acrópolis. Habitaciones con aire acondicionado, TV, teléfono y minibar. Todo tipo de comodidades y cercano a la plaza Syntagma y a la mayoría de los monumentos.

Nikodimou 18
324-1401
Autobús del aeropuerto

Exarchion (E)

Este económico hotel está cerca del Museo Nacional de Arqueología (➤ 18–19) en el animado barrio estudiantil de Exarchia. Habitaciones con baño, aire acondicionado y algunas con balcón.

Themistokleous 55
380-1256
Omonia

Grande Bretagne (C)

Se trata del hotel más famoso de Atenas, cuyo libro de registro nos trae ecos de la historia (➤ 62). El interior está decorado de mármol, tiene piscina, restaurantes en la azotea, espléndidas vistas y un servicio impecable. Además es carísimo.

Plateía Syntagma
333-0000
Syntagma

Herodion (C)

A pesar de estar en la ladera sur de la Acrópolis, lejos de Pláka, este elegante hotel cuenta con varios restaurantes buenos en las inmediaciones. Habitaciones con baño, TV y teléfono. Desde la terraza de la azotea se disfruta de hermosas vistas del Partenón.

Rovertou Gali 4
923-6832
230

Imperial (M)

A pesar de su nombre y localización, cerca de la plaza Syntagma y Mitrópolis, se trata de un hotel medio, con un personal agradable y habitaciones limpias. A corta distancia de las principales atracciones.

Mitropoleos 40
322-7617
Monastiráki

King Minos (M)

Es un hotel grande y reformado, con habitaciones limpias, con aire acondicionado y teléfono. También tiene bar, restaurante y salas de estar.

Pireos 1
523-1111
Omonia

Kouros (E)

El Kouros está muy bien situado, en una calle tranquila con otros hoteles pequeños, pero a unos metros del centro de Pláka. Sin lujos, pero con habitaciones limpias. Está ubicado en una antigua mansión y dispone de mucha información para el turista.

Kodrou 11
322-7431
Autobús del aeropuerto

Marble House Pension (M)

A corta distancia de la ladera sur de la Acrópolis se encuentra este pequeño y agradable hotel. Algunas habitaciones con baño, otras con balcón. Sus propietarios son muy serviciales.

Zinni 35a, Koukaki
923-4058
Autobús al aeropuerto

¡Conozca al autor!

Si se aloja en el Hotel Attalos es posible que tropiece con el autor de esta guía. Es mi hotel favorito en Atenas porque no es caro y ofrece habitaciones limpias, personal agradable y buena situación. Cualquier comentario sobre esta guía –o sobre el hotel– serán bien recibidos, preferiblemente en el bar de la azotea.

No tan grande ...
Cuando se construyó el Hotel Grande Bretagne, a finales del siglo XIX, fue llamado el 'Petit Palais' ya que la familia real alojaba allí a sus huéspedes cuando no disponían de espacio en el Palacio Real. Sin embargo, el hotel presentaba un incoveniente, sólo tenía un cuarto de baño en el sótano. Hoy es uno de los grandes hoteles de Europa.

La Mirage (M)
En la plaza Omonia pero aislado del ruido. Habitaciones con baño, teléfono, aire acondicionado y minibar. El Mirage es un hotel bien mantenido, con restaurante, bar y salas de estar. Ofrece precios ajustados; ideal para los que quieren estar en el centro del bullicio.

Kotopouli 3
523-4755
Omonia

Museum (E)
Detrás del Museo Nacional de Arqueología y con vistas a sus jardines, este tranquilo y bien conservado hotel es una buena opción si desea alojarse en esta zona. Habitaciones con baño y teléfono.

Bouboulinas 16
380-5611
Omonia

Nefeli (M)
Es un hotel pequeño y familiar con sólo 18 habitaciones. Clientela regular por su precio, cordialidad, limpieza y buena situación, tanto para Pláka como para el centro.

Yperidou 16
322-8044
Autobús del aeropuerto

Omonia (E)
Este hotel grande y concurrido es una opción económica pero aceptable en la plaza Omonia, algo decadente pero muy limpio. Habitaciones con ducha y teléfono, algunas con balcón.

Omonia
523-7211
Omonia

Orion (E)
El Orion es muy barato pero perfectamente aceptable si dispone de un presupuesto ajustado. Ubicado en el animado barrio de Exarchia (➤ 38), vida estudiantil nocturna muy animada, pero lejos de la estación de metro.

Emmanuel Benaki 105
382-7362
Omonia

Philippos (M)
Es un buen hotel de nivel medio del barrio de Makriyanni, al sur de la Acrópolis y cerca de buenos restaurantes. Habitaciones con baño, teléfono, aire acondicionado y TV.

Mitseon 3
922-3611
Autobús del aeropuerto

Pláka (C)
Un hotel de Pláka algo subido de precio, pero elegante, limpio, moderno y luminoso. Muy bien localizado para la zona de Mitropoleos; algunas habitaciones con vistas a la Acrópolis, al igual que el jardín de la azotea.

Kapnikareas 7
322-2096
Monastiráki

Royal Olympic (C)
Dentro de su nivel, es el más ajustado de precio. Hotel grande, cerca de muchas atracciones, habitaciones grandes con aire acondicionado, TV y teléfono.

Odos Diakou 28
922-6411
Syntagma

Tempi (M)
Muy céntrico, pequeño y limpio. Un hotel económico popular entre estudiantes y otros por su trato agradable. Algunas habitaciones con ducha. Cercano a la plaza Monastiráki .

Eolou 29
321-3175
Monastiráki

Titania (C)
Hotel enorme y de alto nivel. Bien situado para las plazas Omonia y Syntagma, a corta distancia de Pláka y el Museo Nacional de Arqueología (➤ 18-19). Habitaciones bien equipadas, servicio de habitaciones, restaurante y bar en la azotea con vistas a la Acrópolis; aparcamiento.

Panepistimiou 52
330-0111
Omonia

Fuera de Atenas

Aígina (Egina)
Aeginitiko Archontiko(E)
Está ubicado en una mansión restaurada, que fue construida en 1820. Se trata de un hotel con mucha personalidad, aunque las habitaciones son modestas. Es una opción económica y aceptable y está convenientemente situado para visitar el centro de la ciudad de Egina.

Eakou 1
0297-24968

Ákra Soúnio (Cabo Sounion)
Aegaeon (M)
El Aegaeon está bien localizado para disfrutar de la bahía de Sounion y de su famoso templo. Es un hotel limpio y espacioso, frente a la playa. Tiene un buen restaurantes y precios moderados.

Ákra Soúnio
0292-39262
Autobús a Sounion

Delfoí (Delfos)
Olympic (M)
El Olympic es un establecimiento a la antigua, bien amueblado y con unas vistas impresionantes. Tiene 25 habitaciones con baño. Situación céntrica, cerca de los mejores restaurantes de Delfos.

Frederikis 57/Kingpol 53
0265-82163

Varonos (E)
Aunque el Varonos es un hotel pequeño y familiar, constituye una opción estupenda para los que viajen con presupuestos ajustados. Los huéspedes están muy bien atendidos por los simpáticos propietarios del hotel. Habitaciones muy sencillas pero limpias y con espléndidas vistas.

Pavlou y Frederikis 27
0265-82345

Kórinthos (Corinto)
Bellevue (E)
Las habitaciones del frente del Bellevue disfrutan de vistas del puerto, pero también son más ruidosas. Sin embargo, sus propietarios regentan un buen hotel dentro de su categoría. Pocas habitaciones con baño, lo que se refleja en el precio en una ciudad bastante cara.

Damaskinou 41
0741-22068

Marathónas (Maratón)
Golden Coast (C)
Bien situado cerca de las atracciones de Maratón y en la playa, el Golden Coast supone una opción de primera clase para aquellos que quieran estar cerca de Atenas pero fuera de la ciudad. El hotel está muy bien equipado y cuenta con 4 piscinas, nightclub e instalaciones deportivas.

Marathónas Beach
0294-57100
Autobús a Maratón

Hotel Marathon (E)
Situado cerca de los lugares de interés y en la misma playa, es un hotel bueno y limpio, un poco a la antigua; interesante para los que deseen tomarse un descanso del bullicio de Atenas.

Timvos Beach
0294-55122
Marathon bus

Mikínes (Micenas)
La Belle Helene (M)
Un hotel de larga tradición, donde se alojó el arqueólogo Heinrich Schliemann durante las excavaciones de Micenas. Es sencillo pero limpio, habitaciones sin baño.

Mykínes
0751 62257

Tarifas
En Grecia, cada habitación debe tener a la vista una lista de precios de las distintas temporadas del año aprobadas por la Policía Turística. Si le cobran menos de lo estipulado, esto se puede deber a que hay poco movimiento, mientras que si le cobran más, puede pedir explicaciones. Quizá la explicación se deba a que el desayuno a veces es opcional, otras veces es un extra obligatorio y en otras ocasiones está incluido en el precio.

Regateo

El regateo forma parte de la vida cotidiana en Atenas, especialmente en las zonas turísticas, aunque no es comparable con Oriente Medio. En el barrio de Pláka, estará loco si acepta el primer precio que le dan (los griegos pensarán lo mismo), incluso si se queda con el 'Precio especial para ti, amigo mío'. Ofrezca la mitad y esté preparado para partir la diferencia. No se sienta culpable, recuerde que el comerciante nunca aceptará una oferta con la que pierda dinero.

Náfplio

Byron (M)

El hotel Byron, que se distingue por su fachada pintada de vivos colores, ofrece un ambiente íntimo en una callejuela frente a la entrada a Ágios Spyridon. Tiene 13 habitaciones con baño y teléfono, y mucha personalidad.

✉ **Plateía Ágiou Spiridona**
☎ **0752-22351**

King Otto (E)

Este viejo favorito tiene 12 habitaciones sencillas y baratas, algunas con ventana hacia el patio donde se sirve el desayuno. La falta de comodidades se compensa con su aire de otra época. Cerrado en invierno.

✉ **Farmakopoulon 3**
☎ **0752-27585**

Peiraías (Pireo)

Ideal (M)

Los hoteles en El Pireo suelen ser o muy caros o sórdidos, aunque el Ideal no encaja en ninguna de estas dos categorías y además está cerca de los puertos del ferry. Las habitaciones (29) están limpias y tienen baño, teléfono y aire acondicionado. Es mejor que reserve con antelación si tiene que dormir en El Pireo.

✉ **Notara 142**
☎ **451-1727**
🚌 **Autobús del aeropuerto**

Lilia (M)

Un poco más caro que el Ideal (➤ arriba), pero más agradable al estar algo alejado del ruido del puerto. Habitaciones limpias y cómodas. Cerca del Zea Marina, de donde parten acuaplanos y catamaranes hacia varios destinos.

✉ **Zeas 131**
☎ **417-9108**
🚌 **Autobús del aeropuerto**

Póros

Hotel Five Brothers (E)

Ubicado en una pequeña plaza frente al mar, el hotel Five Brothers ofrece habitaciones modestas, con balcón y frigorífico. Ideal para los que dispongan de presupuesto ajustado.

✉ **Poros**
☎ **0298-23412**
🕓 **En invierno llame con antelación**

Rafína

Hotel Avra (C)

Se trata del mejor hotel de la ciudad, con personal agradable y un buen lugar para descansar en su visita a Rafina. Algunas habitaciones tienen vistas al mar; todas tienen baño, aire acondicionado y teléfono.

✉ **Rafina**
☎ **0294-22781**

Spétses

Poseidon (C)

El propio Poseidón, dios del mar de la mitología griega, disfrutaría de una estancia en este encantador hotel, con vistas al puerto y al continente. En el se respira un aire de otro tiempo, un encanto pasado de moda, aunque algo decadente. Tiene mucha personalidad.

✉ **Dapia**
☎ **0298-72006**
🕓 **Invierno**

Ýdra (Hydra)

Bratsera (C)

Si alguna vez ha tenido la idea de pasar la noche en una fábrica de esponjas, ésta es su oportunidad. El hotel Bratsera ha sido fantásticamente transformado. Está decorado al estilo de la isla, tiene piscina y jardín donde se puede cenar al aire libre; y está cerca del puerto principal.

✉ **Tombazi**
☎ **0298-53971**

Antigüedades, Arte y Artesanía

Aidini
Pequeño pero interesante taller de artesanía, también galería y tienda. El propietario elabora y vende él mismo su trabajo en metal, como figuras de extraños peces, aeroplanos y esculturas surrealistas.

Nikis 32
323-4591/322-6088

To Anoyi
El propietario de este estudio está especializado en la pintura de iconos y huevos, pero también vende obra de otros artistas: cerámica, escultura, ropas de cama y objetos decorativos.

Sotiros 1
322-6487

L'Atelier
Aquí encontrará buenas copias de antigüedades griegas, como jarrones, frescos y estatuas de las Cícladas. Si tiene suerte, podrá observar como las realizan.

Adrianou 116
323-3740

The Athens Gallery
Entre las tiendas de Pláka con su oferta idéntica se encuentra esta elegante galería con obra de varios artistas griegos contemporáneos. La galería es cara pero exquisita.

Pandrossou 14
324-6942

Centro para la Tradición Helénica
Entre Metropoleos y Pandrossou, este pasaje alberga una serie de tiendas especializadas en arte y artesanía: pintura, cerámica, tallas e iconos. También tiene un agradable café.

Metropóleos 59/ Pandrossou 36
321-3023/3842

EOMMEX
Se trata de una cooperativa dedicada a la venta de alfombras elaboradas en telares artesanales de toda Grecia.

Metropóleos 9
323-0408

Gallerie Areta
Una pequeña sucursal de la Athens Gallery (➤ arriba), Areta se dedica principalmente a cerámica y pintura, incluyendo algunas piezas tempranas con mucho encanto.

Pandrossou 31
324-3397/894-0217

Goutis
Curiosa selección de artesanía y artículos de regalo, como títeres, joyas tradicionales, ropas de casa y cerámica.

Pandrossou 40
321-3212

Greek Women's Institution
Esta tienda ayuda a conservar viva la tradición del bordado en Grecia, proporcionando algunos ingresos a comunidades rurales e isleñas, que de otra forma no podrían vender sus productos.

Ypatias 6
325-0524

Iakovos Antiques
Venta de cerámica, pintura de Grecia y otras partes del mundo.

Ifestou 6
321-0169

Karamikos Mazarakis
Además de alfombras *flokati* y *kilims* tradicionales griegos, ofrece alfombras de lana y seda de todo el mundo, incluidas algunas alfombras sobre obras de Dalí, Picasso, Magritte y otros artistas.

Voulis 31-33
322-4932

Tiendas de viejo
Al final de Adrianou, después de la Torre de los Vientos y lejos de las tiendas de recuerdos de Pláka, se encuentran muchas tiendas de viejo con curiosos objetos, artesanía, viejos grabados y postales.

Copias de museo
Algunos de los museos más importantes de Atenas tienen a la venta reproducciones de sus piezas más atractivas. Éstas varían de pequeñas y económicas copias a reproducciones a escala real. La calidad de las copias suele ser buena. Destacan las tiendas del Museo Nacional de Arqueología (➤ 18-19), el Museo Benaki (➤ 51) y el Museo Goulandris de Arte de las Cícladas (➤ 24).

Comercio de antigüedades

Es ilegal exportar antigüedades de Grecia, pero existe un mercado de antigüedades, especialmente de iconos antiguos, muy deseados por los coleccionistas. Si le ofrecen una pieza antigua debería detenerse a considerar si es auténtica o no, en lo que le puede suceder en la aduana y en la inmoralidad implícita en el comercio de obras antiguas que además pueden haber sido robadas. Este tipo de infracción puede ser castigada con la cárcel. Lord Elgin nunca hubiera pasado la frontera hoy en día.

Kostas Sokaras

Ofrece una interesante mezcla de bordados, joyas, trajes tradicionales y marionetas de sombras.

Adrianou 25
321-6826

Motakis

Esta caótica tienda de antigüedades y de objetos viejos en un gran sótano es típica de Pláka. Establecida hace un siglo, allí podemos encontrar desde exquisitas antigüedades a objetos curiosos.

Plateia Abyssinia 3
321-9005

Museo de Arte Infantil Griego

Aquí podemos encontrar un regalo con encanto para el amante del arte. Las obras ganadoras realizadas por niños griegos están expuestas y a la venta. Quizá descubra un talento del futuro.

Kodrou 9 **331-2621**

Nasiotis

Disfrute de la exposición de viejas fotografías, grabados, libros, revistas y postales picantes de esta cueva de Aladino. En el sótano hay más libros.

Ifestou 24 **321-2369**

Asociación para el Bienestar Nacional

Es un excelente proyecto para la venta de artesanía (bordados, alfombras, cerámica e iconos) y también utensilios prácticos para la cocina, realizados en comunidades rurales de toda Grecia.

Ypatias 6
325-0524

Taller Artesanal del Olivo

En este pequeño taller familiar se venden bonitas tallas en madera de olivo; asi como tablas de queso, pan y cuencos, la mayoría realizados por su dueño.

Mnisikleous 8
321-6145

Panayiri

Si visita Kolonáki, busque esta tienda con una selección de artesanía y artículos de regalo, pintura y libros. Se especializa en barcos tallados por el propietario en madera procedente de viejos barcos.

Kleomenous 25
722-5369

Pyromania

Un nombre poco adecuado para una tienda de obras de arte y artesanía. Ofrece hermosos ejemplos de cristal soplado, cerámica y tallas en madera de olivo, con un pequeño taller en la parte de atrás donde a veces se ve trabajar al dueño.

Kodrou 14
325-5288

Riza

Aunque no es barata, ofrece bellos ejemplos de encajes realizados a mano, también hechos a máquina más baratos, cristal y otros artículos de artesanos griegos contemporáneos.

Voukourestiou 35
361-1157

Spiro Aravantinos

Fantásticos juguetes, muñecas y marionetas artesanales.

Nikodimou 9 **323-6363**

Takis Moraytis

Es la tienda de un pintor de Pláka con algunos paisajes griegos atractivos. Más caro que los cuadros de las tiendas vecinas, pero se paga lo que se compra.

Adrianou 129
322-5208

Vassilios Kervorkian

Aunque no tenga intención de comprar uno de los intrumentos artesanales que se exponen en esta tienda, debería parar para admirar la habilidad en la construcción de estas guitarras, buzukis y otros instrumentos.

Ifestou 6
321-0024

Libros y música

Libros, periódicos y revistas

Compendium

Este es el lugar para encontrar libros de lengua (especialmente en inglés), revistas, guías, ficción, libros sobre Grecia, mapas... dirigidos a los extranjeros. Además cuenta con una sección de libros de segunda mano, donde podemos intercambiar nuestros libros. También hay un tablón de anuncios para cursos de lengua, apartamentos en alquiler, etc. La librería también organiza algunas lecturas de escritores griegos y extranjeros.

✉ **Nikis 25**
☎ **322-1248**

Eletheroudakis

Esta librería ofrece también una gran selección de títulos, guías y revistas. Situada en una transitada calle comercial del centro de Atenas.

✉ **Panepistimiou 17**
☎ **331-4180**

Lexis

La librería Lexis ofrece una decente selección de títulos en lenguas extranjeras, en una calle de libreros, aunque la mayoría ofrece ediciones en griego.

✉ **Akadimias 82**
☎ **384-5823/0844**

Pantelides

Probablemente la oferta más amplia de literatura extranjera (especialmente en inglés). Su propietario es un gran conocedor del tema. Ofrece una buena selección de libros sobre Grecia, además de diccionarios, libros de arte, cocina, historia y otros temas de interés para los viajeros.

✉ **Amerikis 11**
☎ **362-3673**

Raymondos

Raymondos cuenta con una amplia selección de revistas extranjeras, algunos libros en lenguas extranjeras y es una buena fuente para adquirir revistas sobre Grecia, como *Odyssey* y *Atlantis*. También ofrece una buena selección traducciones de literatura griega y guías de viaje.

✉ **Voukourestiou 18**
☎ **364-8189**

Música

La música forma parte inseparable del alma griega, aunque las tiendas de recuerdos de Pláka se limitan a ofrecer compilaciones de 'clásicos' griegos, como *Zorba el Griego* y *Nunca en domingo*. La música griega es, por supuesto, mucho más rica y una buena manera de introducirnos en ella es visitando el Museo de los Instrumentos Musicales Griegos (➤ 23) y después haciendo escala en su tienda que ofrece una extensa selección de grabaciones (CD, LP) y libros.

En el mercadillo de Monastiráki hay varias tiendas de música, especializadas en la música de los sesenta y setenta, abarcando desde la música popular a estilos más minoritarios. En ellas encontrará una buena selección de vinilos y CDs.

Museo de Instrumentos Musicales Griegos

En la tienda de este museo no se venden instrumentos, sólo grabaciones que abarcan toda la tradición musical de Grecia. También ofrece una buena selección de libros de música y danza (➤ 23).

✉ **Diogenous 1-3**
☎ **325-0198**

Sólo mirar

Aunque en Atenas no es tan frecuente como en otras ciudades de Oriente, no se sorprenda si el propietario de una tienda le ofrece un te o un café. Se trata de una vieja tradición, parte de la vida, una combinación de cortesía y sentido común: mientras usted se toma la bebida, el comerciante tiene más posibilidades de venderle algo.

Moda y joyas

Moda

En la calle Ermou, que ha sido recientemente peatonalizada, se concentran una serie de tiendas de moda griegas e internacionales, como Benetton, Lacoste o Next. Las tiendas de los diseñadores más exclusivos se encuentran en el elegante barrio de Kolonáki, a los pies de la Colina Licabeto.

Artisti Italiani

Lo que cabía esperar de su nombre: elegantes diseños italianos para mujer y hombre. Precios a su altura.

Kanari 5
363-9085

DKNY

Si no conoce estas iniciales probablemente no le interesen sus productos: moda americana cara.

Dimokritou 34
363-6188

Jade

Ropa para hombre y mujer.

Anagnostopoulou 3
364-5922

Laura Ashley

Famosa cadena británcia de moda femenina: elegante pero no excesivamente cara.

Herodotou 28
724-6869

Stavros Melissinos

Toda una institución de Pláka, Melissinos lleva creando sandalias y poesía desde la década de los sesenta. Ha hecho sandalias, entre otros, para John Lennon. Este maestro zapatero le hará un par de sandalias si no encuentra ninguna de su gusto.

Pandrossou 89
321-9247

Joyas

Atenas cuenta con una larga tradición de orfebres y plateros. Sus tiendas se pueden encontrar alrededor de las calles Lekka y Praxitelous. Algunas exponen piezas de plata tan exageradas que es aconsejable ponerse las gafas de sol. Sin embargo, hay otras tiendas pequeñas con una selección de mejor gusto. En la agradable calle peatonal de Voukouretiou se encuentran las joyerías más famosas y caras.

Alexandros

Gran establecimiento con diseños modernos y tradicionales.

Mitropoleos10, Plaza Syntagma
324-7045

Borell's

Joyas modernas y algunas piezas antiguas. Saliendo de la plaza de Kolonáki (y con precios Kolonáki también).

Ypsilandou 5
721-9772

Museo de Joyas Ilias Lalaounis

Compre copias de los trabajos de este famoso diseñador de joyas en el museo dedicado a su obra. También se pueden encargar originales. La tienda del museo está en Panepistimiou 6, 361-1371.

Karyatidon-Kallisperi 12
922-1044

Zolotas

Uno de los joyeros más famosos de Grecia. La tienda merece una visita, aunque no compremos nada. Tiene otra joyería en Pláka, calle Pandrossou 8.

Stadiou 9
322-1222

Gastronomía

Qué comprar

Los mejores productos que se pueden comprar en Grecia atendiendo a su calidad son el aceite de oliva y la miel, aunque ésta no es especialmente barata, sí es especialmente buena. En el país también se pueden comprar licores a buen precio. La cerámica y los artículos de piel también son buenas compras; asi como artesanía, como encajes y *flokati* – alfombras de lana hechas a mano. Hay también un gran mercado para las réplicas de museos e iconos modernos. Algunos artículos típicos son los rosarios (*kombolói*) y las cazuelitas de mango largo, hechas en cobre, que se utilizan para preparar el café griego.

Visite el Mercado Central (➤ 40) si desea comprar hierbas aromáticas, especias, frutos secos, aceitunas, quesos y otras delicias o simplemente curiosear un rato. Es un buen lugar para abastecerse para una comida campestre. También lo puede hacer en la cadena de supermercados de *Prisunic Marinopoulos*, con una buena selección de productos. Sus tiendas se distinguen por un gran 'M' de color naranja.

En Grecia todavía se conservan muchas 'tiendas de pueblo' que venden un poco de todo, por lo que si pregunta por un supermercado no espere encontrar siempre una gran superficie de estilo moderno. Lo que encontrará será al tendero rebuscando entre las polvorientas estanterías (lo sorprendente es que generalmente encuentra lo que busca) y entre un montón de cosas que podemos necesitar, hay otras muchas que no.

Aristokratikon

Tienda ideal para satisfacer un capricho: deliciosos chocolates, turrón, frutos secos y delicias turcas.

🖂 **Karayioryi Servias 9**
☎ **322-0546**

Asimakopouli

Esta famosa pastelería ateniense es una visita obligada para los golosos. Hay que tener en cuenta que a los griegos les encanta el dulce más dulce.

🖂 **Charilaou Trikoupi 82**
☎ **361-0092**

Bachar

Bachar es una tienda especializada en especias y hierbas para uso culinario y medicina, cerca del Mercado Centrall.

🖂 **Evripidou 31**
☎ **321-7225**

Brettos

Esta bien surtida bodega del barrio de Pláka se centra en licores elaborados por ellos mismos y también ofrece una selección de bebidas griegas popularaes, como *ouzo* y *Metaxa*.

🖂 **Kydathinaíon 41**
☎ **323-2110**

Katsarou

Esta tienda se encuentra un poco apartada del centro, cerca de la estación de ferrocarril de Larissis, sin embargo merece la pena buscarla si queremos aprovisionarnos de bebidas típicas griegas a un precio razonable; todo tipo de aperitivos, vinos y brandys.

🖂 **Liossion 89**
☎ **821-1767**

The Olive Shop

Gran variedad de aceitunas y otros productos, cerca del Mercado Central (➤ 40).

🖂 **Athinas/Evriidou**

Vino griego

Los vinos griegos nunca han tenido un gran nombre internacional y los habitantes del país se conforman con el *retsina*, un blanco de sabor a resina, o beben cerveza y refrescos. Sin embargo, durante los últimos años ha mejorado sensiblemente la calidad de los vinos gracias al turismo y a la demanda del país, que va cambiando sus gustos.

Con niños en Atenas

Amor por la infancia
El pueblo griego adora a los niños. Los griegos son indulgentes con los pequeños y comprensivos con sus rabietas pasajeras; no les regañan y si usted lo hace, aunque no dicen nada le desaprobarán interiormente. No se sienta incómodo si su hijo no se comporta adecuadamente, de seguro recibirá una sonrisa en lugar de un gesto de desaprobación .

Parte de la familia
Como en la mayoría de los países mediterráneos, los niños son una parte importante de la familia y acompañan a sus padres – y abuelos y primos – a cenar fuera. No dude en llevar a sus hijos a un restaurante elegante y no se sorprenda de ver a niños tarde por la calle. Hága lo mismo con los suyos, pero antes duerman una siesta.

Aquarium
Aunque no vale la pena desplazarse desde el centro de Atenas para visitarlo, sí que puede ser interesante si nuestro vuelo lleva mucho retraso o si tenemos que esperar en el aeropuerto. Cuenta con varios acuarios de peces exóticos y un cocodrilo llamado Kosmos. A una corta carrera en taxi desde el aeropuerto.

Ágios Kosmos Sports Area
894-5640
L-V 10-3
Autobús del aeropuerto

Playas
Mientras que los adultos se sienten atraidos por la riqueza cultural de Atenas, su visita se puede convertir en unas vacaciones en familia si escoge uno de los hoteles de la costa. Lugares como Glyfada ofrecen mar y arena, además de estar bien comunicados con el centro de la ciudad, bien en autobús o en un taxi (no son caros). De otra forma, puede alojarse en la ciudad y tomar un taxi para pasar un día a la orilla del mar. Una opción más barata es tomar un autobús al aeropuerto y luego un taxi. En la playa de Astir hay un montón de actividades deportivas para entrener a la familia, además de tiendas y restaurantes. Los barrios de Varkiza, Voula y Vouliagmeni también tienen buenas playas.

Museo Goulandris de Historia Natural
Una excursión a Kifissia seguro que divierte a los niños durante medio día, combina un viaje en metro y la visita a este excelente museo. La sección dedicada a problemas ambientales está muy bien presentada. Ilustra, entre otros, algunos problemas causados por el turismo –lección que nunca se es demasiado joven para aprender–. Cuenta también con una gran colección de flora y fauna, que incluye, entre otras, algunas grandes aves de presa y mamíferos, como osos y lobos.

Levidou 13
808-6405
S-D 9-2. Cerrado entre semana y festivos
Kifisia

Museo Helénico para los Niños (► 36)
Póngase en contacto con el museo si desea más información sobre sus actividades. Aunque algunos monitores hablan inglés y se da la bienvenida a niños de todas las nacionalidades, se recomienda avisar con antelación.

Kydathinaíon 14
331-2995
V-L y X 10-5. Cerrado festivos
Syntagma

Colina Licabeto (► 21)
Aunque los niños no se entretienen mucho rato contemplando vistas panorámicas, como la que ofrece el Licabeto, posiblemente disfruten del paseo en funicular. Pero si se empeñan en volver inmediatamente, siempre les puede convencer invitándoles a un helado o un refresco en los cafés de la cima.

Plutarhou
Diario 8-10

Museo Griego de Arte Infantil (► 52)
Este pequeño y encantador museo tiene exposiciones muy imaginativas, además de talleres con materiales donde los niños podrán disfrutar pintando.

Kodrou 9
331-2621
M-S 10-2, D 11-2. Cerrado festivos
Syntagma

Museo de los Instrumentos Musicales Griegos (► 23)

Aunque no es posible tocar los instrumentos de esta valiosa colección, la mayoría de ellos se pueden escuchar por los auriculares que hay en cada vitrina. También se proyectan vídeos que muestran el proceso de su construcción y cómo se tocan estos instrumentos.

Diogenous 1-3
325-0198/4119
M, J-D 10-2, X 12-6. Cerrado festivos
Monastiráki

Jardines Nacionales (► 37)

Además de explorar estos bellos jardines y de disfrutar buscando pececillos y tortugas en los estanques, también hay una Biblioteca Infantil en el centro de estos jardines. Esta Biblioteca está señalizada a partir de la entrada de la calle Amalias. En ella no está permitida la entrada a los adultos. Tiene libros, juguetes, cintas y juegos en griego y otras lenguas.

Cerrado lunes y festivos

Estadio Olímpico (► 26)

Las pistas de atletismo del Estadio Olímpico de 1896 están abiertas para todo el que quiera utilizarlas. Los niños pueden hacer carreras por la pista o subiendo y bajando de las empinadas gradas.

Leoforus Ardhittou
Diariamente, amanecer/atardecer
4, 11, 12

El Pireo y las islas

Una buena idea para pasar un magnífico día al aire libre –y una buena manera de cansar a los niños– es hacer una excursión a una o varias islas argo-sarónicas. Si se sale temprano, se puede ir en metro hasta El Pireo (► 86) para después tomar el hidrodeslizador hacia Egina, Póros, Spétses o Hydra. Les encantará.

Piraeus

Compras

En Atenas hay numerosas tiendas que pueden resultar atractivas para los niños y cuya visita se puede alternar con las compras de los adultos. Vea la sección *Dónde comprar* (► 105-109) en la que se proporcionan más detalles sobre los siguientes establecimientos: *Spiro Aravantinos* (juguetes para niños), *Goutis & Kostas Sokaras* (muñecos), *Panayiri* (maquetas de barcos) y librerías como *Compendium*, que ofrece una buena selección de libros para niños, expuestos en una sala especial donde se celebran lecturas dos sábados al mes. La mayoría son en griego, pero también los hay en otras lenguas.

Plaza Syntagma

El Cambio de Guardia es una ceremonia que se celebra todos los días y que fascina tanto a los niños como a los mayores. Tiene lugar cada hora (los domingos sólo a las 11 de la mañana) frente al Parlamento, situado en la parte superior de la plaza. Mientras se espera, los pequeños podrán alimentar y perseguir a las palomas.

Teatro

El Museo del Teatro Griego (► 42) cuenta con una encantadora exposición de objetos relacionados con el teatro, donde se puede ver desde escenografías, camerinos reproducidos a escala real y vestuario teatral. El periódico *The Hellenic Times* (en inglés) dispone de una sección infantil con información sobre sus actividades. El English Theatre Club (363-1217/724-8219), orientado a niños que aprenden inglés, también hace funciones en las que los niños son invitados a participar.

Parques de atracciones y zonas de juego

En verano se instalan numerosos parques de atracciones itinerantes y cines al aire libre en distintas zonas de la ciudad. Consulte las guías de ocio para más información. Si lo desea puede hacer una excursión al barrio costero de Glyfada donde hay más zonas de ocio y juego permanentes. Los Jardines Nacionales y la Colina Licabeto disponen de parques infantiles, cerca de la Biblioteca Gennadios (► 38).

Ocio y vida nocturna

Locales nocturnos

Muchos locales nocturnos cobran una entrada que incluye la primera bebida; otros cobran una entrada casi simbólica para evitar que se ocupen las mesas sin consumir nada. Algunos sirven cenas y otros no. En la mayoría de los casos, los precios son bastante elevados y la comida no es muy buena.

General

En Atenas se publican varias guías de ocio (generalmente en inglés), como *Athens Today* y *Scope Weekly*, que ofrecen información actualizada sobre las actividades culturales de la ciudad. También se publican periódicos diarios y semanarios en inglés.
Como es natural también hay publicaciones en griego, disponibles en todos los kioscos y papelerías. Si no tiene dificultad en encontrarlos, pruebe en la zona de la plaza Syntagma.

Las revistas culturales especializadas, como *Atlantis* y *Odyssey*, también ofrecen información sobre películas, galerías, música y otras actividades.

Casinos

Sobre la cima del Monte Parnaso, a una hora de camino desde Atenas, se encuentra uno de los casinos más grandes de Europa. Se requiere vestido formal y pasaporte en regla. Cierra los miércoles.

246-9111

Festivales

Cada verano se celebra el Festival de Atenas que abarca todas las formas más importantes del arte e incorpora algunas actuaciones teatrales y musicales que tienen lugar el el **Teatro Epídavros** (➤ 80) y en el **Teatro Herodes Atticus** que se encuentra en las laderas de la Acrópolis.
La programación teatral incluye obras modernas, además de teatro clásico griego (representado en los escenarios para el que fue escrito). Entradas y reservas en la taquilla que opera especialmente para el festival (L-V). Si no tiene entrada, puede probar fortuna en la taquilla del Teatro Herodes Atticus a partir de las 6PM del día de la función.
Coincidiendo con el **Festival de Atenas,** comienza también el **Festival Internacional de Jazz y Blues de Atenas.** Entradas a la venta en la misma taquilla, en Stadiou.

Stadiou 4 **322-1459**

Cines

Atenas cuenta con una docena de cines nuevos, en el centro y alrededores, donde se estrenan películas al tiempo que en otras capitales. Generalmente se proyectan en versión original con subtítulos en griego, pero es preferible informarse con antelación.
En verano aumenta la oferta cinematográfica con los cines al aire libre, que se instalan en parques, terrazas y aparcamientos. Podrá ver los carteles publicitarios al pasear por la ciudad.

Espectáculo de luz y sonido

La Acrópolis, siempre espléndida, aparece iluminada en este bonito espectáculo de luz y sonido que se contempla desde el teatro de la Colina Filopáppou. La entrada está señalizada en la ladera sur.

322-5904 **1 abril-31 oct. Inglés, diario 9; alemán, M y J 10; francés resto de los días 10**

Música

La oferta musical en Atenas es muy variada y abundante, desde conciertos de música clásica a clubs de *rembetika*, escondidos en distintos rincones de la ciudad. También hay clubs de jazz y de blues, conciertos de rock, discotecas, discobares y una serie incontable de locales con música tradicional griega, tanto para aquellos que prefieran la seguridad de una actuación para turistas, como para los que prefieran un ambiente más auténtico en compañía de los atenienses. Compre alguna de las guías de ocio, como *Scope Weekly*, para más detalles o mire los pósters de las tiendas de música, como **Metropolis** (Panepistimiou 64), **Virgin** (Stadiou 7-9) o las pequeñas tiendas del mercadillo de Monastiráki.

Música clásica

Ópera Nacional Griega

Con sede en el **Teatro Olimpia**, en la calle Akadimias, programa ópera y ballet de la compañía nacional.

Akadimias 59 **361-2461**

Sala de Conciertos Mégaronl

El auditorio fue inaugurado en 1991. Progama ballet, ópera y música clásica, incluyendo conciertos de la Orquesta Estatal de Atenas y otras orquestas visitantes.

Vas. Sofias y Kokkali
728-2000

Jazz

Half Note

Música en directo de grupos internacionales en este club de larga tradición, en el barrio de Mets (al oeste de Stadion). Abre a las 10; la entrada es bastante cara.

Trivonianou 17
923-2460/921-3310
Cerrado martes, verano

Jazz Club Diva

Un club elegante y de ambiente relajado, situado en el centro de moda, el barrio de Kolonáki.

Tsokha 43 **729-0322**

La Joya

Un local muy popular con grupos tocando en directo y música grabada; a veces también se escucha rock. Sirve una comida sorprendentemente buena.

Tsokha 43 **644-0030**

Stavlos

Un centro cultural con exposiciones, en ocasiones proyección de películas y grupos de jazz.

Iraklidon 10 **345-2502**

Tabernas con música

Muchas tabernas, especialmente en Pláka, ofrecen un espectáculo de música y danza tradicional. Aunque están básicamente orientadas al turismo, pueden ser muy divertidas. Recuerdo la expresión de dos señoras americanas cuando dos camareros levantaron su mesa con los pies y comenzaron a bailar dando vueltas. ¡una especialidad griega! Los espectáculos suelen empezar entre las 10-11 de la noche. La entrada incluye una cena con menú pero no vino. Otras tabernas, más relajadas, se limitan a contratar a algunos músicos.

Embelofilo

Música y comida tradicional. Popular entre los atenienses.

Karagiana 3 y Samothrakis, Kypseli
867-8862

Taverna Mostrou

Espectáculo de música y danza, generalmente grupos turísticos.

Mnissikleous 22
324-2441

¿Abierto o cerrado?

Al igual que sucede con los restaurantes, muchos clubs cierran durante el verano, cuando sus propietarios y músicos se van a trabajar a las islas donde el negocio es más lucrativo. Los horarios y los días de apertura pueden cambiar dependiendo de la temporada, por lo que se recomienda llamar con antelación.

Rembetika
El blues llegó a Grecia en la década de 1920. Tras el intercambio de población con Turquía, muchos griegos procedentes de aquel país se instalaron en barrios marginales como El Pireo. Su música de Oriente Medio se mezcló con la música tradicional griega, dando como resultado una música triste y nostálgica que canta las penas y miserias de los desposeídos de la tierra.

Ntoyzeni
Un club muy animado, cerca de la Acrópolis.
Makroyianni 8
922-7597

Palia Taverna Kritikou
Popular entre grupos turísticos. Ofrece música y danza de Creta.
Mnissikleous 24
322-2809

Stamatopoulou Palia Plakiotiki Taverna
Atenienses y visitantes disfrutan aquí de música griega, aunque el baile corre a cargo de la clientela.
Lysiou 26 **322-8722**

Yeros tou Morea
Taberna al aire libre con un ambiente agradable, buena comida y música relajada.
Vas. Sofias and Kokkali
728-2333

Discotecas y pubs de Rock

Muchas discotecas atenienses cierran sus puertas en verano y se trasladan a las islas donde hay más movimiento. Confirme con antelación. Algunas opciones son:

Booze
Kolokotroni 57
324-0944

Boulevard
Vouliagmenis 140, Glyfada
898-2557

The Cave
Haritos 6 **722-8910**

Exo
Marko Mousouri 1, Mets
923-5815

Memphis
Ventiri 5 **722-4104**

Mercedes Rex
Panepistimiou 48
361-4591

Rock and Roll
Loukianou 6
721-7127

Rodon
Marni 24, Plateía Vathis
523-7418

Rembetika

Anifori
En El Pireo, donde nació la *rembetika*; también música folklórica griega. Cierra tarde.
Vasileos Georgiou 47, Piraeus
411-5819
V-D

Douzeni
Tras una cena en uno de los excelentes restaurantes de Makriyianni, continúe la fiesta con canciones y música de *buzuki*.
Makriyianni 8 **922-7597**
Cerrado domingos

Ennea Ogdoa
Algunas veladas de *rembetika*, sino música pop griega. Mucho ambiente.
Alexandras 40
823-5841/882-1095

Frankosyriani
En Exarchia, local muy popular regentado por un músico.
Arachovis 57 **380-0693**

Rembetiki Astoria
En un edificio neoclásico de Kolonáki, frecuentado por una clientela más intelectual.
Ippokratous 181
642-4937

Stoa Athanaton
Popular establecimiento del Mercado Central. Buena música y comida. Reserve.
Sofokleous 19 **321-4362**
Comidas, cenas. Cerrado D

Taximi
Un popular local de folk/ *rembetika*, en Exarchia.
Isavron 29 **363-9919**
Cerrado en julio y agosto

Teatro, danza y deporte

Hay muchos teatros pequeños, además de los más importantes como el Teatro Nacional. La mayoría de las representaciones teatrales son, como es natural, en griego, pero el visitante puede coincidir con alguna compañía extranjera de gira que actúa en su propia lengua.

Alfa
Teatro del barrio de Exarchia.
✉ **Stournara 37** ☎ **523-8742**

Amore
Producciones internacionales de tendencias innovadoras. Situado en el barrio de Gizi.
✉ **Arigiponison 10**
☎ **644-2869**

Dora Stratou Dance Theatre
Este pequeño teatro al aire libre, a los pies de la Colina de Filopáppou, colabora para mantener viva la danza tradicional griega ofreciendo cada noche un espectáculo de danza durante los meses de verano. Están muy solicitados por lo que se recomienda reservar.
✉ **Filopáppou**
☎ **324-4395 (9-1.30; 921-4650 desde 7.30PM)**
🚌 **Trolebús 9 a la Plaza Filopáppou**

Hellenic American Union Auditorium
Gran variedad de espectáculos teatrales y musicales, todos en inglés y con un fuerte carácter americano.
✉ **Massalias 22**
☎ **362-9886**

Teatro Nacional
Se trata, generalmente, de producciones en griego de dramaturgos internacionales, aunque en ocasiones también programan compañías extranjeras que actúan en su lengua. Los visitantes extranjeros seguramente preferirán asistir a alguna producción operística o ballet.
✉ **Agiou Konstantinou 22**
☎ **523-3322**

Teatro Olympia
Aunque es la sede de la Ópera Nacional Griega, este teatro también programa ballet.
✉ **Akadimias 59** ☎ **361-2461**

Teatro Pallas
Auditorio para grandes conciertos de rock, también programa algunos conciertos clásicos.
✉ **Voukourestiou 1**
☎ **322-4434**

Vrettania
Un teatro muy céntrico, cerca de la plaza Syntagma.
✉ **Panepistimiou 7**
☎ **322-1579**

Deportes
Además de las propuestas del apartado '10 Actividades' (➤ 71), otras sugerencias son:

Fútbol
El fútbol es una obsesión en Grecia, comparable sólo al baloncesto. Atenas tiene dos equipos: el **Panathinaikos**, cuyo estadio (☎ 664-7106) está en Leoforos Alexandras, al noreste de Lykavittós; y el **AEK Atenas**, del norte de la ciudad, aunque su estadio fue destruido en el terremoto de 1999. Para información sobre partidos ☎ 882-3901. Sus rivales, el **Olympiakos** de El Pireo, tienen el Estadio Karaiskaki en Neo Faliro (☎ 414-3000).

Dora Stratou
Dora Stratou dedicó su vida a recuperar bailes y música tradicionales de Grecia, reuniendo una colección de más de 3.000 trajes. Su compañía de danza debutó en 1953 y, aunque ella falleció en 1988, su memoria sigue viva en los espectáculos de baile tradicional que se celebran todas las noches de verano en el teatro que lleva su nombre.

Fiestas y celebraciones

Fechas variables
Una serie de fiestas y celebraciones están determinadas por el calendario ortodoxo y pueden variar de año en año. Es importante, pues, que se informe antes de viajar al país si desea participar, o evitar, dichas celebraciones, especialmente la Semana Santa.

Enero
Fiesta de San Basilio (1 ene): ceremonias religiosas.
Epifanía (6 ene): cuando los popes bendicen las pilas de bautismo.

Marzo
Día de la Independencia (25 marzo): se conmemora la rebelión contra la dominación turca con discursos y celebraciones en la plaza Syntagma.

Febrero/marzo
Carnaval (*Karnaváli*): no se celebra tanto como en otros países, aunque en Atenas se puede encontrar música improvisada por las calles y niños disfrazados que persiguen a la gente con martillos de plástico. Las calles de Pláka se llenan de atenienses.
Las celebraciones más importantes tienen lugar el domingo anterior a Cuaresma, siete semanas antes de Semana Santa.

Marzo/abril
La Semana Santa es, con mucho, el acontecimiento más importante del calendario griego. Resulta muy interesante visitar Atenas y otras partes de Grecia para ser testigos de las celebraciones. Las iglesias permanecen abiertas durante el fin de semana anterior preparando las ceremonias.
El paso sobre el que se lleva a Cristo se adorna con flores y el Viernes Santo por la noche se saca en procesión.
El sábado a medianoche tienen lugar las celebraciones religiosas más importantes. El Domingo de Pascua se reúnen las familias.

Mayo
Día de los Trabajadores (1 de mayo): al igual que en otros países se celebran manifestaciones.

Mayo/junio
Pentecostés (Fiesta del Espíritu Santo): siete semanas después de la Semana Santa, se celebra el Domingo y Lunes de Pentecostés. El lunes es festivo con desfiles y fiestas.

Verano
Se celebra el Festival de Atenas. Se abre una taquilla para la venta de entradas a principios de verano en Stadiou 4 ☎ 322-1459.
L-S 8.30-2, 5-7, D 10.30-1.
Durante julio y agosto se celebra la *Fiesta del Vino de Dafne*.

Agosto
Festividad de la Asunción (15 agosto): muchas personas intentan pasar este día en sus pueblos y los barcos están llenos. Es un mal día para viajar desde o hacia Atenas.

Octubre
Día del Óji (28 octubre): en honor al líder griego, el General Metaxas, que respondió con una sola palabra 'Óji' (No) a las pretensiones de Mussolini de que pasaran sus tropas por territorio griego.
La Plaza Syntagma es el centro de las celebraciones aunque hay desfiles por toda la ciudad.

Diciembre
El año termina con la Navidad y el Año Nuevo, aunque estas celebraciones no son tan importantes como la Semana Santa.

Información práctica

Antes de partir 118
Durante la estancia 119-123
Idioma 124

Arriba: *cientos de postales a la venta.*
Derecha: *es difícil perderse en la ciudad.*

DIFERENCIAS HORARIAS

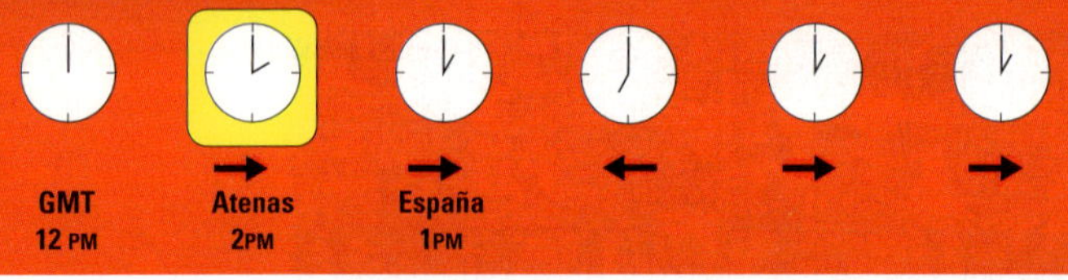

ANTES DE PARTIR

LO QUE HACE FALTA

● Necesario
○ Recomendado
▲ No necesario

					España
Pasaporte/Documento nacional de identidad					●
Visa					▲
Billete de ida o vuelta					▲
Vacunas					○
Documentación sanitaria (➤ 123, Sanidad)					●
Seguro de viaje					●
Permiso de conducir (nacional o internacional)					●
Documentación del seguro del coche (para coche propio)					●
Documentación de registro del coche (para coche propio)					●

CUÁNDO IR

Atenas

Temporada alta (ABR–SEP)

Temporada baja (ENE–MAR, OCT–DIC)

9°C	11°C	12°C	16°C	20°C	24°C	27°C	28°C	24°C	20°C	15°C	14°C
ENE	FEB	MAR	ABR	MAY	JUN	JUL	AGO	SEP	OCT	NOV	DIC
Nubes y claros	Nubes y claros	Nubes y claros	Soleado	Soleado	Soleado	Soleado	Soleado	Soleado	Nubes y claros	Nubes y claros	Nubes y claros

Soleado Nubes y claros

OFICINA DE TURISMO

Oficina de Turismo de Grecia en Madrid
C/ Alberto Aguilera, nº 17 - 1º Izda.
28015 Madrid
Tel.: 915 484 889/90
Fax: 915 428 138
Correo electrónico: turismodegrecia@infonegocio.com
Página web: www.gnto.gr

POLICÍA 100

BOMBEROS 199

AMBULANCIA 166

POLICÍA TURÍSTICA 171 (Atenas) / 902-5992 (fuera de A.)

DURANTE LA ESTANCIA

LLEGADAS

Los vuelos internacionales llegan al Aeropuerto Internacional de *Eleftherios Venizelos* de Atenas. Aquí opera *Olympic Airways*, la compañía aérea nacional, y otras líneas aéreas y vuelos chárter. Los vuelos chárter son la opción más barata durante la temporada alta.

Aeropuerto Internacional Eleftherios Venizelos, Atenas
Kilómetros al centro

27 kilómetros

Duración del viaje
Sin servicio
1 hora
1 hora

Aeropuerto deThessaloniki
Kilómetros al centro

10 kilómetros

Duración del viaje
25 minutos
60 minutos
15 minutos

MONEDA

Desde enero del 2002, el euro circula en Grecia con un valor de 340.9 dracmas por euro. Se emiten billetes de 5, 10, 20, 50, 100, 200 y 500 euros, monedas de 1 y 2 euros y 1, 2, 5, 10 y 50 céntimos, 100 céntimos = €1. Los cheques de viaje son aceptados en la mayoría de los hoteles, restaurantes y tiendas. Hay numerosos bancos y agencias de cambio en muchas calles de Atenas, donde se pueden cambiar cheques de viaje y retirar efectivo con la tarjeta de crédito.

HORA OFICIAL

Atenas está a dos horas por delante del Meridiano de Greenwich (GMT+2), es decir una hora más que España. De marzo a octubre se adelanta el reloj una hora.

ADUANAS

PERMITIDO

Bienes libres de impuestos obtenidos dentro de la UE o fuera de la UE (Límites):
Alcohol (+ 22% vol): 1L *o*
Alcohol (- 22% vol): 2L *y*
Vino (no espumoso): 2L,
Cigarrillos: 200 *o* Puros: 50 *o*
Tabaco: 250gr
Perfume: 60ml
Agua de colonia: 250ml
Bienes gravados con impuestos obtenidos en la UE para uso particular (Cantidades):
Alcohol (+ 22% vol): 10L
Alcohol (- 22% vol): 20L *y*
Vino (max 60L espumoso): 90L Cerveza: 110L
Cigarrillos: 800, Puros: 200, Tabaco: 1kg
Perfume y agua de colonia: sin límites
Menores de 17 años: tabaco y alcohol no permitidos.

NO PERMITIDO

Drogas, armas de fuego y blancas (navajas), munición, material pornográfico, animales sin licencia.

EMBAJADAS Y CONSULADOS

España
721 4885

DURANTE LA ESTANCIA EN EL PAÍS

OFICINAS DE TURISMO

Oficina Nacional de Turismo de Grecia
Amerikis 2
☎ 327-1300

La oficina antes mencionada es una sede administrativa, aunque ahora también dispone de oficina de información al público (abierta 11-1 L-V, aunque está prevista la ampliación de horarios). El ayuntamiento de Atenas tiene una oficina de información en la esquina de Syntagma y Ermou.
En verano la GNTO abre una oficina en Stadiou 4 (322 1459) para la venta de entradas del Festival de Atenas.

DÍAS FESTIVOS

E	F	M	A	M	J	J	A	S	O	N	D
2	(2)	1(3)	(1)	1(1)	1		1		1		2

1 Enero	Año Nuevo
6 Enero	Epifanía
Feb/marzo	'Carnaval', tres semanas antes de Cuaresma
Feb/marzo	Lunes de Carnaval
25 Marzo	Día de la Independencia
Mar/abril	Viernes Santo, Lunes de Pascua
1 Mayo	Día de los Trabajadores
Mayo/junio	Lunes de Pentecostés
15 Agosto	Festividad de la Asunción de la Virgen
28 Octubre	Día del Óji (Día del No)
25/26 Dic	Navidad

Los restaurantes y las tiendas para turistas pueden permanecer abiertos los días festivos, pero los museos cierran.

HORARIO DE APERTURA

○ Tiendas ● Correos
● Oficinas ● Museos/Monumentos
● Bancos ● Farmacias

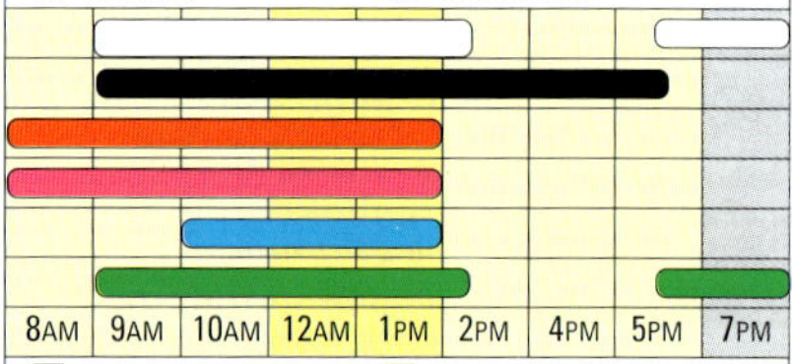

☐ Mañana y tarde ☐ Mediodía
☐ Noche

Las farmacias abren durante los días de semana. Los monasterios abren durante las horas de luz; las iglesias todo el día, algunas sólo por la mañana temprano y al anochecer. Los horarios son flexibles, especialmente el de los museos, que cambian cada año. Horarios más amplios en verano, por lo que revise horarios si viaja entre octubre y Semana Santa. Hay 4 oficinas de correos que cierran tarde: Metropoleos, Syntagma; Aïolou 100, Omonia; plaza Metropoleos; y Terminal de Llegadas del Aeropuerto: L-V hasta las 8; S-D, por la mañana (Metropoleos no).

ASEOS
GRATIS

TRANSPORTE PÚBLICO

Vuelos Internos. Los vuelos internos son operados por *Olympic Airways*, con conexiones en el aeropuerto de Atenas, Salónica a varios aeropuertos provinciales y a las islas. Los billetes de vuelos domésticos de la *Olympic Airways* no se pueden transferir. Está prohibido fumar en todos los vuelos interiores.

Trenes. En Atenas hay dos estaciones de ferrocarril: Peloponnisou (☎ 513 1601) para el Peloponeso y la cercana Larissis (☎ 823 7741) para el norte. La red no es demasiado extensa, debido en parte por el terreno y por el excelente servicio de autobuses. Información sobre horarios: ☎ 145/6/7.

Metro. La red de metro tiene tres líneas. La M1 une El Pireo (en el suroeste) y Kifissia (en el norte). La M2 une el noroeste de la ciudad con la plaza Syntagma. La M3 va desde la plaza Syntagma al noreste. El metro es barato y funciona con un sistema de zonas. Los trenes pasan con una frecuencia de 5 minutos (5AM -12.15AM).

Autobuses. A pesar de su amplia red, no es la mejor forma de moverse en la ciudad. El billete (± 0,30 euros) es válido para un viaje; hay que comprarlo antes de subir al autobús en puntos de venta de la compañía, también en kioscos. Hay que validarlo al subir al autobús, aunque a veces van tan abarrotados que resulta imposible hacerlo.

Ferrys/Hidrodeslizadores. El mayor puerto de Atenas es El Pireo, con sevicios a varias ciudades del continente y a algunas islas. Comprende varios puertos situados a cierta distancia unos de otros, por lo que es preciso informarse bien de dónde sale nuestro barco. Más información y horarios, disponibles en las oficinas de la NTOG.

COCHES ALQUILER

Las grandes compañías tienen agencias en Atenas, muchas están en Syngrou y en el aero puerto. El alquiler de coches es caro y los recargos por accidente muy elevados.
Edad mínima requerida: 21-25 años.

TAXIS

La mayoría de los taxímetros no funcionan. En la ciudad, se cobra la bajada de bandera y un recargo por kilómetro y por bulto. Contrate un taxi con antelación si su traslado es importante.

AL VOLANTE

Velocidad máxima en autopistas: **120 km/h**

Velocidad máxima fuera de zonas urbanas: **80 km/h**

Velocidad máxima en zonas urbanas: **50 km/h**

Uso obligatorio del cinturón de seguridad (también atrás si disponibles). Niños menores de 10 años: prohibido viajar delante.

80 mgr alcohol/ 100ml de aire: infracción criminal; 50-80 mgr: infracción civil. Las multas son muy severas.

La gasolina *(venzini)* se vende en cinco grados: super *(sooper)*, regular *(apli)*, sin plomo *(amolyvdhi)*, super sin plomo *(sooper amolyvdhi)* y gasóleo *(petrelaio)*. Las estaciones abren de 7-7 (cerradas D); las grandes abren 24 horas. La mayoría aceptan tarjetas de crédito. En zonas rurales hay pocas estaciones.

Si tiene una avería en su propio coche, la *Automobile & Touring Club de Grecia* (ELPA) (☎ 779-1615) proporciona 24 horas de asistencia (☎ 104). Si el coche es alquilado, siga las intrucciones de la documentación; la mayoría de las compañías internacionales ofrecen servicio total de asistencia.

0 1 2 3 4 5 6 7 8
CENTÍMETROS

SEGURIDAD PERSONAL

Grecia es uno de los países más seguros del mundo con una criminalidad muy baja. Sin embargo, Atenas es una ciudad como otra cualquiera, con emigración pobre y drogadictos desesperados por dinero. Deben tomarse las precauciones habituales:

- Tenga ciudado con los carteristas en mercados, lugares turísticos o muy concurridos.
- Evite caminar solo por zonas mal iluminadas.

Policía Turística:
☎ **171**
desde cualquier cabina

TELÉFONO

La mayoría de los teléfonos públicos sólo aceptan tarjetas telefónicas, a la venta en kioscos y algunas tiendas. También puede utilizar los teléfonos de muchos kioscos que cobrar al terminar la llamada. Algunos hoteles, restaurantes y bares tienen teléfonos de monedas. Para hablar con el operador marque 132 o 131.

Prefijo internacional	
Desde Atenas a:	
España:	**00 34**

CORREOS

Las oficinas de correos *(tajydhromio)* se distinguen por el nombre OTE(en amarillo). En ellas se pueden hacer efectivos cheques de viaje y cambiar moneda. Tienen horario comercial, excepto las más importantes (véase ➤ 120). Las colas son largas, si sólo desea sellos *(ghramatósima)* cómprelos en los kioscos.

ELECTRICIDAD

La corriente eléctrica es de 220 voltios.

Las conexiones eléctricas son similares a las utilizadas en otros países europeos (excepto Reino Unido).

PROPINAS

Si ✓ No ✗

Restaurantes (servicio not inc.)	✓	10-15%
Cafés/bares (servicio not inc.)	✓	unas monedas
Guías turísticos	✓	
Peluquerías	✓	unas monedas
Taxis	✓	unas monedas
Camareras de habitación	✓	
Porteros	✓	
Servicio de guardarropa	✓	unas monedas
Aseos	✓	unas monedas

Qué fotografiar: Los monumentos clásicos, mercados e iglesias bizantinas.
Cuándo fotografiar: Las primeras horas de la mañana son las mejores, tanto por la luz como para evitar a las multitudes. Al atardecer también es un buen momento para la luz. En mercados y callejuelas, quizá cuando el sol está alto.
Dónde comprar película: En cualquier tienda para turistas o en tiendas especializadas.

SANIDAD

Seguro

Los ciudadanos de otros estados de la UE tienen derecho a cuidados médicos presentando el formulario E111, disponible en correos. Esto cubre tratamiento básico en hospitales públicos. Se recomienda contratar también un seguro médico privado.

Dentistas

Tratamiento odontológico gratuito en la Facultad de Odontología de El Pireo y en el Hospital Evanghelismos. Consulte la guía telefónica o pregunte en su hotel por otros dentistas. El tratamiento debería estar cubierto por el seguro.

Consejos para protegerse del sol

Los meses más soleados son julio y agosto, con temperaturas superiores a 30°C e incluso 40°C. Evite el sol del mediodía y utilice un protector solar alto. Cuídese de los efectos de la deshidra-tación y beba mucha agua.

Medicamentos

Las medicinas, con o sin receta médica, se venden en las farmacias *(farmakia)*, que se distinguen con una cruz verde. Recuerde que la codeína está prohibida en Grecia y le pueden multar por llevarla consigo.

Agua

El agua corriente es completamente potable, además agua embotellada disponible en todas partes.

DESCUENTOS

Estudiantes/jóvenes. Los titulares de un Carnet Internacional de Estudiante (ISIC) tiene derecho a descuentos en viajes, museos, etc. Hay un hostal sólo para mujeres (XEN / YWCA) en Amerikis 11; también el hostal *Athens Connection* en Ioulianou 20 (☎ 822-4592).

Tercera Edad. La mayoría de los museos y recintos arqueológicos ofrecen descuentos a los mayores. Aparte de esto, hay pocos descuentos, aunque los ciudadanos de la tercera edad pueden aprovechar las ofertas de temporada baja, con descuentos en viajes y entradas. Lleve siempre su pasaporte.

ALFABETO GRIEGO

El alfabeto griego no se puede transcribir a otras lenguas de forma directa. Esto puede llevar a variaciones e inconsistencias de palabras y nombres de lugares. Sin embargo, las diferencias no implican que un nombre sea irreconocible. El idioma griego parece complejo pero merece la pena memorizar el alfabeto para poder leer carteles, destinos, etc.

Alpha	Αα	a breve
Beta	Ββ	v
Gamma	Γγ	g gutural
Delta	Δδ	d
Epsilon	Εε	e breve
Zita	Ζζ	z
Eta	Ηη	i larga
Theta	Θθ	d suave
Iota	Ιι	i breve
Kappa	Κκ	k
Lambda	Λλ	l
Mu	Μμ	m
Nu	Νν	n
Xi	Ξζ	x ó ks
Omicron	Οο	o brevet
Pi	Ππ	p
Rho	Ρρ	r suave
Sigma	Σσ	s
Tau	Ττ	t
Ypsilon	Υυ	u
Phi	Φφ	f
Chi	Χχ	j
Psi	Ψψ	ps
Omega	Ωω	o larga

AL PARTIR

- Recuerde confirmar los datos de su vuelo al menos tres días antes de la fecha de salida. Deje un número de contacto a la compañía aérea para que le informen sobre cambios de última hora.
- Recuerde la terminal de su vuelo.
- Diríjase al aeropueto con un margen de tiempo amplio, por los frecuentes problemas de tráfico.

LANGUAGE

Alfabeto griego (➤ 123). El griego puede parecer muy difícil a primera vista y ciertamente los griegos hablan a una velocidad desconcertante. Sin embargo, es útil saber el alfabeto para poder desenvolverse un poco; las siguientes palabras y frases son esenciales. Además, los habitantes del país agradecerán sus esfuerzos por comunicarse. Ellos saben lo difícil que nos resulta.

hotel	*xenodojio*	servicio de habit.	*servis domatiou*
cama y	*domatio meh*	camarera	*kamaryera*
desayuno	*proino*	baño	*banyera*
habit. sencilla	*monoklino*	ducha	*doos*
habit. doble	*diklino*	aseos	*tooaleta*
una persona	*ena atomo*	balcón	*balkoni*
una noche	*mia nijta*	llave	*klidi*
reserva	*mia kratisi*	vista al mar	*vdea ti zalasa*

banco	*trapeza*	tarjeta de crédito	*pistotiki karta*
ag. de cambio	*sarafiko*	tipo de cambio	*sinalagmatiki*
correos	*tajidromio*	comisión	*isotimia*
moneda	*kerma*	cargo	*parangelia*
billete	*jartonomisma*	cajero	*tamias*
cheque	*epitayi*	vuelta	*resta*
cheque de	*taxidiotiki*	moneda	*jartonomismes*
viaje	*epitayi*	extranjera	*xenes*

café	*café*	entrantes	*proto piato*
pub/bar	*bar*	segundo plato	*kirio piato*
desayuno	*proino*	postre	*glikisma*
comida	*yevma*	cuenta	*logariasmos*
cena	*mesimeriano*	cerveza	*bira*
mesa	*trapezi*	vino	*krasi*
camarero	*garson*	agua	*nero*
camarera	*garsona*	café	*café*

aeropuerto	*aerodromio*	ida	*apio*
tren	*treno*	ida y vuelta	*isitirio met*
autobús	*leoforio*		*epistrofis*
estación	*stazmos*	no fumadores	*joros ya mi*
barco	*plio*		*kapnizondes*
puerto	*limani*	coche	*aftokinito*
billete	*isitirio*	gasolina	*venzini*
ferry	*feribot*	parada	*stasi leoforiou*

si	*neh*	Perdone	*signomi*
no	*oji*	de nada	*parakaló*
por favor	*parakaló*	¿cómo está?	*pos iseh?*
gracias	*efjaristó*	no hablo	*zen miló*
hola	*ya sas*	griego	*elliniká*
adiós	*adio*	No	*dhen*
buenos días	*kali mera*	entiendo	*katalaveno*
buenas tardes	*kali spera*	¿cuánto es?	*poso?*
buenas noches	*kali nijta*	abierto	*aniktos*
Dónde está...?	*pou iné...?*	cerrado	*klistos*

Acrópolis 9, 17, 34, 44
Acrópolis, Centro de
Estudios 20
aduanas 119
aeropuertos 119
Agía Aikateríni 32
Agía Marina 75
Agía Sotira 32
Ágioi Apóstoloi 32-33
Ágios Nikodímos 33
Ágios Nikólaos Ragavás 33
Ágios Pávlos 33
Agorá 13, 16
Ágora Romana 67
Aígina 75
Ákra Soúnio 76
Akrópoli 9, 17, 34, 44
alfabeto griego 123
alojamiento 100-104
Anafiótika 35
Aquarium 110
Aráchova 79
Arco de Adriano 56
Áreios Págos 35
Areópagos 35
Atenas, historia 10-11
Attica 77

Bancos 120
Biblioteca de Adriano 69
Brauron 13, 90
Byron, Lord 14, 38, 39, 51, 76

Cabo Sounion 76
casinos 112
Cementerio de los Alfareros
13, 45
Centro para el Arte Popular y
las Tradiciones 42
Centro para la Tradición
Helénica 42
cines 112
clima 7, 118
coches 118, 121
Colección de Cerámica del
Museo Griego de Arte
Folklórico 43
Colina Licabeto 12, 21, 47, 110
comer fuera 9, 70, 92-99, 113
compras 105-109, 111,120
Corinto 82
Corinto, Canal de 81, 82, 85
correos 120, 122

Dafne 78
Dáfní 78
Delfoí 13, 78-79
Delfos 13, 78-79
deporte 71, 112-13
descuentos 123
discotecas y rock 114
Dora Stratou Dance Theatre
68, 115

Ebraïkó Mouseío
tis Elláthos 36
Egina 75
Elefsína 80
Eleusis 80
Elliniko Paithíko
Mouseío 36, 110
embajada 120
Epídavros 80
Eréchtheio 17
Escuela Americana de
Estudios Clásicos 38
Estadio Olímpico 26, 111
estudiantes 123
Ethnikí Pinakothíki 37
Ethnikó Archaiologikó
Mouseío 9, 18-19
Ethnikós Kípos 12, 37, 111
Exárcheia 38
Exarchia 38
excursiones 72-90

excursiones en coche
Attica 77
Delfos 79
Náfplio 85

Farmacias 120
fiestas 112, 116
Filopáppou 38
Filopappou, Teatro 68
flora y fauna 12-13

Galería Municipal de Arte 57
Galería Nacional 37
gastronomía 60-61, 71, 109
Gennádios Vivliothíki 38

Hephaisteion 39
horarios 120
Hydra 90

Idioma 124
Iglesia de los Santos
Apóstoles 32-33
Iglesia de San Nicholas
Ragavas 33
Iglesia de San Nikodimos 33
Iglesia de San Pablo 33
Iglesia de Santa Caterina 32
Iglesia de Santa Sotira 32
iglesias bizantinas 49
islas 13, 86, 87, 89, 90, 111
Istorikó Mouseío 39

Jardines Nacionales 12, 37,
111
joyerías 108

Kaisarianí 81
Kapnikaréa 40
Kentrikí Agorá 40
Kéntro Ellinikis Paradosis 42
Kéntro Laikis Téchnis kai
Paradosis 42
Kéntro Meletis Ikoy Theatroy
42, 111
Kéntro Meletón Akropóleos 20
Kerameikós, Cementerio13, 45
Keramikí Syllogí apo to
Mouseío Ellinikís
Laografías 43
Kifisiá 81
Kifissia 81
Klafthmonos, plaza 59
Kolonáki 46, 47
Kórinthos 82

Levádia 79
Limonodhassos 87
Lykavittós 12, 21, 47, 110

Mapas
Acrópolis 34
Atenas 28-29
excursiones 74
Pláka 56-57
Marathónas 77, 83
Maratónn 77, 83
Markopoulo 77
mercadillos y bazares 9, 41
Mercado Central 40
Mercouri, Melina 14, 42,
65, 86
metro 121
Micenas 83, 85
Mikri Mitrópoli 48
Mitrópolis 48
Mnimeío Lysikrátous 48
Monasterio de Faneromeni 88
Monasterio de
Ossios Loukas 79
Monastiráki 50
moneda 119
Monumento de Lysikrates 48
Mouseío Athinón 50
Mouseío Benáki 51
Mouseío Ellinikís Laografías 22
Mouseío Ellinikís Paithikis
Téchnis 52, 110-111
Mouseío Ellinikón Mousikón
Orgánon 23, 111
Mouseío Kanellópoulos 53
Mouseío Kosmímatos Ilía
Lalaoúnis 54
Mouseío Kykládikís kai
Archaías Ellinikís Téchnis 24
Museo Benaki 51
Museo Bizantino 69
Museo Botánico 37
Museo Cinematográfico 71
Museo de Arte
de las Cícladas 24
Museo de Arte Folklórico
Griego 22
Museo de Arte
Infantil Griego 52, 110-11
Museo de Instrumentos
Musicales Griegos 23, 111
Museo de Joyas
Ilias Lalaounis 54
Museo de la Ciudad
de Atenas 50
Museo de Trajes Históricos
Griegos 71
Museo del Teatro
Griego 42, 111
Museo Filatélico 71
Museo Goulandris de Historia
Natural 81, 110

Museo Griego de la Guerra 64
Museo Helénico
para Niños 36, 110
Museo Internacional
del Mar 71
Museo Judío de Grecia 36
Museo Kanellopoulos 53
Museo Nacional de
Arqueología 9, 18-19
Museo Nacional de Historia 39
Museo Naval 86
Museo Numismático 67
Museo Venizelos 71
música 106, 107, 113
Mykínes 83, 85

Náfplio 84
niños 110-11

Odeón de Herodes Atticus 55
Odion (Teatro)
Iródou Attikou 55
oficinas de turismo 118, 120
Olympíeion 55
Omonia, Plaza 59

Palacio Presidencial 65
Partenón, mármoles 14
pasaportes y visados 118
paseos a pie
Acrópolis 44
iglesias bizantinas 49
Kolonáki y Lykavittós 47
mercadillos y bazares 41
Atenas moderna 66
Pláka 58
Pericles 14
Peristeria 88
Philopappou 38
Pinakothíki tou Dímou
Athinaïkoú 57
Pireás 86, 111
Pireo, El 86, 111
Pláka 9, 25, 57, 58
Plateía Klafthmonos 59
Plateía Omonoías 59
Plateía Syntagmatos 62, 111
playas 110
Pnyx 63
Polemikó Mouseío 64
policía 119, 122
Póros 87
Porto Rafti 77
Primer Cementerio
de Atenas 65
Prisión de Sócrates 63
Proedrikó Mégaro 65
propinas 122
Prótoí Nekrotafío
Athinón 65
Puerta del León 83
Púli Adrianoú 56

Rafína 87
Rámnoús 13, 77, 88
rembetika 52, 113, 114
Romaiki Agorá 67

Salamína 88
Salónica 79
sanidad 118, 123
Schliemann, Casa de 67
Schliemann, Heinrich 18, 65,
67, 83
seguridad personal 6, 122
seguro 118
Sócrates 63
Spétses 89
Stádio 26, 111
Stoa Atallou 16
Syntagma, Plaza 62, 111

Taxis 121
Teatro de Dionisio 68
Tebas 79
teléfonos de emergencia 119
Templo de Aphaia 75
Templo de Apolo 82
Templo de Atenea Niké 17
Templo de Hefestos 39
Templo de Poseidón 76, 77
Templo de Zeus Olímpico 55
Tesoro de Atreus 83
Théatro Dionísou 68
Théatro Filopáppou 68
Thessaloniki 79
Thívai 79
Torre de los Vientos 54
transporte público 121
trenes 121
Tumba al Soldado
Desconocido 62

Vía Sagrada 78, 80
Vivliothíki Adrianoú 69
Vizantinó Mouseío 69
Vravróna 13, 90
vuelos 119

RESPUESTA COMERCIAL
AUTORIZACIÓN Nº 11.049
B.O C. 77 DE 20-9-91

A
FRANQUEAR
EN DESTINO

GRUPO ANAYA

Apartado de Correos 409 FD

Ref. **ANAYA** TOURING CLUB

28080 Madrid

ANAYA TOURING CLUB

ANAYA TOURING CLUB desea que sus lectores dispongan de un servicio de información sobre novedades.

Para ello sólo tiene que rellenar y firmar la ficha que le adjuntamos, y enviarla a nuestra dirección.

No necesita franqueo.

Nombre: ....

Apellidos: ....

Edad: .... Profesión: ....

Dirección: ....

C. P.: .... Ciudad: ....

Provincia: .... Teléfono: ....

Deseo información sobre guías turísticas para:

- ❑ **Viajar por España**
- ❑ **Viajar por el extranjero**

Firma:

La información suministrada por Vd. no tiene otra finalidad que ser utilizada para el envío de información del Grupo Anaya. Los datos solicitados serán tratados con absoluta reserva.